Uma recordação de infância de Leonardo da Vinci

seguido de

Sobre a psicogênese de um caso de homossexualidade feminina

Livros de Freud publicados pela **L&PM** EDITORES

Além do princípio de prazer
Compêndio da psicanálise
Da história de uma neurose infantil [O Homem dos Lobos]
Fragmento de uma análise de histeria [O caso Dora]
O futuro de uma ilusão
O homem Moisés e a religião monoteísta
O Homem dos Ratos – Observações sobre um caso de neurose obsessiva seguido de *Anotações originais sobre um caso de neurose obsessiva*
Inibição, sintoma e medo
A interpretação dos sonhos
O mal-estar na cultura
Observações psicanalíticas sobre um caso de paranoia (dementia paranoides) *descrito autobiograficamente [O caso Schreber]*
O pequeno Hans: análise da fobia de um menino de cinco anos
Psicologia das massas e análise do eu
Uma recordação de infância de Leonardo da Vinci seguido de *Sobre a psicogênese de um caso de homossexualidade feminina*
Sobre a psicopatologia da vida cotidiana
Totem e tabu
Três ensaios de teoria sexual

L&PMCLÁSSICOS**MODERNOS**

O futuro de uma ilusão seguido de *O mal-estar na cultura*

Livros relacionados

Freud – Chantal Talagrand e René Major (**L&PM** POCKET Biografias)

A interpretação dos sonhos (MANGÁ)

Sigmund Freud – Paulo Endo e Edson Sousa (**L&PM** POCKET **ENCYCLOPÆDIA**)

SIGMUND FREUD

Uma recordação de infância de Leonardo da Vinci

seguido de

Sobre a psicogênese de um caso de homossexualidade feminina

Tradução do alemão de Renato Zwick

Prefácio de Noemi Moritz Kon *e* Thiago Majolo

Ensaio biobibliográfico de Paulo Endo *e* Edson Sousa

L&PM EDITORES

Texto de acordo com a nova ortografia.
Título original: *Eine Kindheitserinnerung des Leonardo da Vinci; Über die Psychogenese eines Falles von weiblicher Homosexualität*

Tradução: Renato Zwick
Tradução baseada no vol. 10 da *Freud-Studienausgabe*, 13. ed., Frankfurt am Main, Fischer, 2007, p. 91-159 e no vol. 7 da *Freud-Studienausgabe*, 8. ed., Frankfurt am Main, Fischer, 2007, p. 257-281.
Prefácio: Noemi Moritz Kon e Thiago Majolo
Ensaio biobibliográfico: Paulo Endo e Edson Sousa

Capa: Ivan Pinheiro Machado sobre foto de Sigmund Freud
Preparação: Marianne Scholze
Revisão: Patrícia Yurgel

CIP-Brasil. Catalogação na publicação
Sindicato Nacional dos Editores de livros, RJ

F942r

Freud, Sigmund, 1856-1939
Uma recordação de infância de Leonardo da Vinci seguido de Sobre a psicogênese de um caso de homossexualidade feminina / Sigmund Freud; tradução Renato Zwick; prefácio Noemi Moritz Kon, Thiago Majolo; ensaio biobibliográfico Paulo Endo, Edson Sousa. – 1. ed. – Porto Alegre [RS]: L&PM, 2024.
208 p. ; 21 cm.

Tradução de: *Eine Kindheitserinnerung des Leonardo da Vinci; Über die Psychogenese eines Falles von weiblicher Homosexualität*
ISBN 978-65-5666-470-5

1. Leonardo da Vinci, 1452-1519. 2. Psicanálise - Estudo de casos. I. Zwick, Renato. II. Kon, Noemi Moritz. III. Majolo, Thiago. IV. Endo, Paulo. V. Souza, Edson. VI. Título.

24-88672 CDD: 150.1952
CDU: 159.964.2

Gabriela Faray Ferreira Lopes - Bibliotecária - CRB-7/6643

Rua Comendador Coruja, 314, loja 9 – Floresta – 90.220-180
Porto Alegre – RS – Brasil / Fone: 51.3225.5777

Pedidos & Depto. comercial: vendas@lpm.com.br
Fale conosco: info@lpm.com.br
www.lpm.com.br

Impresso no Brasil
Outono de 2024

Sumário

Itinerário para uma leitura de Freud

Paulo Endo e Edson Sousa

Freud não é apenas o pai da psicanálise, mas o fundador de uma forma muito particular e inédita de produzir ciência e conhecimento. Ele reinventou o que se sabia sobre a alma humana (a psique), instaurando uma ruptura com toda a tradição do pensamento ocidental, a partir de uma obra em que o pensamento racional, consciente e cartesiano perde seu lugar exclusivo e egrégio. Seus estudos sobre a vida inconsciente, realizados ao longo de toda a sua vasta obra, são hoje referência obrigatória para a ciência e para a filosofia contemporâneas. Sua influência no pensamento ocidental é não só inconteste como não cessa de ampliar seu alcance, dialogando com e influenciando as mais variadas áreas do saber, como a filosofia, as artes, a literatura, a teoria política e as neurociências.

Sigmund Freud (1856-1939) nasceu em Freiberg (atual Příbor), na região da Morávia, hoje parte da República Tcheca, mas àquela época parte do Império Austríaco. Filho de Jacob Freud e de sua terceira esposa, Amália Freud, teve nove irmãos – dois do primeiro casamento do pai e sete do casamento entre seu pai e sua mãe. Sigmund era o filho mais velho de oito irmãos e era sabidamente adorado pela mãe, que o chamava de "meu Sigi de ouro".

Em 1860, Jacob Freud, comerciante de lãs, mudou-se com a família para Viena, cidade onde Sigmund Freud residiria até quase o fim da vida, quando teria de se exilar em Londres, fugindo da perseguição nazista. De família pobre, formou-se em medicina em 1882. Devido a sua precária situação financeira, decidiu ingressar imediatamente na clínica médica em vez de se dedicar à pesquisa, uma de suas grandes paixões. À medida que se estabelecia como médico, pôde pensar em propor casamento para Martha Bernays. Casaram-se em 1886 e tiveram seis filhos: Mathilde, Martin, Oliver, Ernst, Sophie e Anna.

Embora o pai tenha lhe transmitido os valores do judaísmo, Freud nunca seguiu as tradições e os costumes religiosos; ao mesmo tempo, nunca deixou de se considerar um judeu. Em algumas ocasiões, atribuiu à sua origem judaica o fato de resistir aos inúmeros ataques que a psicanálise sofreu desde o início (Freud aproximava a hostilidade sofrida pelo povo judeu ao longo da história às críticas virulentas e repetidas que a clínica e a teoria psicanalíticas receberam). A psicanálise surgiu afirmando que o inconsciente e a sexualidade eram campos inexplorados da alma humana, na qual repousava todo um potencial para uma ciência ainda adormecida. Freud assumia, assim, seu propósito de remar contra a maré.

Médico neurologista de formação, foi contra a própria medicina que Freud produziu sua primeira ruptura epistêmica. Isto é: logo percebeu que as pacientes histéricas, afligidas por sintomas físicos sem causa aparente, eram, não raro, tratadas com indiferença médica e negligência no ambiente hospitalar. A histeria pedia, portanto, uma nova inteligibilidade, uma nova ciência.

A característica, muitas vezes espetacular, da sintomatologia das pacientes histéricas de um lado e, de outro, a impotência do saber médico diante desse fenômeno impressionaram o jovem neurologista. Doentes que apresentavam paralisia de membros, mutismo, dores, angústia, convulsões, contraturas, cegueira etc. desafiavam a racionalidade médica, que não encontrava qualquer explicação plausível para tais sintomas e sofrimentos. Freud então se debruçou sobre essas pacientes; porém, desde o princípio buscava as raízes psíquicas do sofrimento histérico e não a explicação neurofisiológica de tal sintomatologia. Procurava dar voz a tais pacientes e ouvir o que tinham a dizer, fazendo uso, no início, da hipnose como técnica de cura.

Em 1895, é publicado o artigo inaugural da psicanálise: *Estudos sobre a histeria*. O texto foi escrito com o médico Josef Breuer (1842-1925), o primeiro parceiro de pesquisa de Freud. Médico vienense respeitado e erudito, Breuer reconhecera em Freud um jovem brilhante e o ajudou durante anos, entre 1882 e 1885, inclusive financeiramente. *Estudos sobre a histeria* é o único material que escreveram juntos e já evidencia o distanciamento intelectual entre ambos. Enquanto Breuer permanecia convicto de que a neurofisiologia daria sustentação ao que ele e Freud já haviam observado na clínica da histeria, Freud, de outro modo, já estava claramente interessado na raiz sexual das psiconeuroses – caminho que perseguiu a partir do método clínico ao reconhecer em todo sintoma psíquico uma espécie de hieróglifo. Escreveu certa vez: "O paciente tem sempre razão. A doença não deve ser para ele um objeto de desprezo, mas, ao contrário, um adversário respeitável, uma parte do seu ser que tem boas razões de existir e que lhe deve permitir obter ensinamentos preciosos para o futuro".

Em 1899, Freud estava às voltas com os fundamentos da clínica e da teoria psicanalíticas. Não era suficiente postular a existência do inconsciente, uma vez que muitos outros antes dele já haviam se referido a esse aspecto desconhecido e pouco frequentado do psiquismo humano. Tratava-se de explicar seu dinamismo e estabelecer as bases de uma clínica que tivesse o inconsciente como núcleo. Há o inconsciente, mas como ter acesso a ele?

Foi nesse mesmo ano que Freud finalizou aquele que é, para muitos, o texto mais importante da história da psicanálise: *A interpretação dos sonhos*. A edição, porém, trazia a data de 1900. Sua ambição e intenção ao usar como data de publicação o ano seguinte era de que esse trabalho figurasse como um dos mais importantes do século XX. De fato, *A interpretação dos sonhos* é hoje um dos mais relevantes textos escritos no referido século, ao lado de *A ética protestante e o "espírito" do capitalismo*, de Max Weber, *Tractatus Logico-Philosophicus*, de Ludwig Wittgenstein, e *Origens do totalitarismo*, de Hannah Arendt.

Nesse texto, Freud propõe uma teoria inovadora do aparelho psíquico, bem como os fundamentos da clínica psicanalítica, única capaz de revelar as formações, tramas e expressões do inconsciente, além da sintomatologia e do sofrimento que correspondem a essas dinâmicas. *A interpretação dos sonhos* revela, portanto, uma investigação extensa e absolutamente inédita sobre o inconsciente. Tudo isso a partir da análise e do estudo dos sonhos, a manifestação psíquica inconsciente por excelência. Porém, seria preciso aguardar um trabalho posterior para que fosse abordado o papel central da sexualidade na formação dos sintomas neuróticos.

Foi um desdobramento necessário e natural para Freud a publicação, em 1905, de *Três ensaios sobre a teoria da sexualidade*. A apresentação plena das suas hipóteses fundamentais sobre o papel da sexualidade na gênese da neurose (já noticiadas nos *Estudos sobre a histeria*) pôde, enfim, vir à luz, com todo o vigor do pensamento freudiano e livre das amarras de sua herança médica e da aliança com Breuer.

A verdadeira descoberta de um método de trabalho capaz de expor o inconsciente, reconhecendo suas determinações e interferindo em seus efeitos, deu-se com o surgimento da clínica psicanalítica. Antes disso, a nascente psicologia experimental alemã, capitaneada por Wilhelm Wundt (1832-1920), esmerava-se em aprofundar exercícios de autoconhecimento e autorreflexão psicológicos denominados de introspeccionismo.

A pergunta óbvia elaborada pela psicanálise era: como podia a autoinvestigação esclarecer algo sobre o psiquismo profundo tendo sido o próprio psiquismo o que ocultou do sujeito suas dores e sofrimentos? Por isso a clínica psicanalítica propõe-se como uma fala do sujeito endereçada à escuta de um outro (o psicanalista).

A partir de 1905, a clínica psicanalítica se consolidou rapidamente e se tornou conhecida em diversos países, despertando o interesse e a necessidade de traduzir os textos de Freud para outras línguas. Em 1910, a psicanálise já ultrapassara as fronteiras da Europa e começava a chegar a países distantes como Estados Unidos, Argentina e Brasil. Discípulos de outras partes do mundo se aproximavam da obra freudiana e do movimento psicanalítico.

Desde muito cedo, Freud e alguns de seus seguidores reconheceram que a teoria psicanalítica tinha um alcance capaz de iluminar dilemas de outras áreas do conhecimento além daqueles observados na clínica. Um dos primeiros textos fundamentais nesta direção foi *Totem e tabu: algumas correspondências entre a vida psíquica dos selvagens e a dos neuróticos*, de 1913. Freud afirmou que *Totem e tabu* era, ao lado de *A interpretação dos sonhos*, um dos textos mais importantes de sua obra e o considerou uma contribuição para o que ele chamou de psicologia dos povos. De fato, nos grandes textos sociais e políticos de Freud há indicações explícitas a *Totem e tabu* como sendo o ponto de partida e fundamento de suas teses. É o caso de *Psicologia das massas e análise do eu* (1921), *O futuro de uma ilusão* (1927), *O mal-estar na cultura* (1930) e *O homem Moisés e a religião monoteísta* (1939).

O período em que Freud escreveu *Totem e tabu* foi especialmente conturbado, sobretudo porque estava sendo gestada a Primeira Guerra Mundial, que eclodiria em

1914 e duraria até 1918. Esse episódio histórico foi devastador para Freud e o movimento psicanalítico, esvaziando as fileiras dos pacientes que procuravam a psicanálise e as dos próprios psicanalistas. Importantes discípulos freudianos, como Karl Abraham e Sándor Ferenczi, foram convocados para o front, e a atividade clínica de Freud foi praticamente paralisada, o que gerou dissabores extremos à sua família devido à falta de recursos financeiros. Foi nesse período que Freud escreveu alguns dos textos mais importantes do que se costuma chamar a primeira fase da psicanálise (1895-1914). Esses trabalhos foram por ele intitulados de "textos sobre a metapsicologia", ou textos sobre a teoria psicanalítica.

Tais artigos, inicialmente previstos para perfazerem um conjunto de doze, eram parte de um projeto que deveria sintetizar as principais posições teóricas da ciência psicanalítica até então. Em apenas seis semanas, Freud escreveu os cinco artigos que hoje conhecemos como uma espécie de apanhado denso, inovador e consistente de metapsicologia. São eles: "Pulsões e destinos da pulsão", "O inconsciente", "O recalque", "Luto e melancolia" e "Complemento metapsicológico à doutrina dos sonhos". O artigo "Para introduzir o narcisismo", escrito em 1914, junta-se também a esse grupo de textos. Dos doze artigos previstos, cinco não foram publicados, apesar de Freud tê-los concluído: ao que tudo indica, ele os destruiu. (Em 1983, a psicanalista e pesquisadora Ilse Grubrich-Simitis encontrou um manuscrito de Freud, com um bilhete anexado ao discípulo e amigo Sándor Ferenczi, em que identificava "Visão geral das neuroses de transferência" como o 12º ensaio da série sobre metapsicologia. O artigo foi publicado em 1985 e é o sétimo e último texto de Freud sobre metapsicologia que chegou até nós.)

Após o final da Primeira Guerra e alguns anos depois de ter se esmerado em reapresentar a psicanálise em seus fundamentos, Freud publica, em 1920, um artigo avassalador intitulado *Além do princípio de prazer*. Texto revolucionário, admirável e ao mesmo tempo mal aceito e mal digerido até hoje por muitos psicanalistas, desconfortáveis com a proposição de uma pulsão (ou impulso, conforme se preferiu na presente tradução) de morte autônoma e independente das pulsões de vida. Nesse artigo, Freud refaz os alicerces da teoria psicanalítica ao propor novos fundamentos para a teoria das pulsões. A primeira teoria das pulsões apresentava duas energias psíquicas como sendo a base da dinâmica do psiquismo: as pulsões do eu e as pulsões de objeto. As pulsões do eu ocupam-se em dar ao eu proteção, guarida e satisfação das necessidades elementares (fome, sede, sobrevivência, proteção contra intempéries etc.), e as pulsões de objeto buscam a associação erótica e sexual com outrem.

Já em *Além do princípio de prazer*, Freud avança no estudo dos movimentos psíquicos das pulsões. Mobilizado pelo tratamento dos neuróticos de guerra que povoavam as cidades europeias e por alguns de seus discípulos que, convocados, atenderam psicanaliticamente nas frentes de batalha, Freud reencontrou o estímulo para repensar a própria natureza da repetição do sintoma neurótico em sua articulação com o trauma.

Surge o conceito de pulsão de morte: uma energia que ataca o psiquismo e pode paralisar o trabalho do eu, mobilizando-o em direção ao desejo de não mais desejar, que resultaria na morte psíquica. É provavelmente a primeira vez em que se postula no psiquismo uma tendência e uma força capazes de provocar a paralisia, a dor e a destruição.

Uma das principais consequências dessa reviravolta é a segunda teoria pulsional, que pode ser reencontrada na nova teoria do aparelho psíquico, conhecida como segunda tópica, ou segunda teoria do aparelho psíquico (que se dividiria em ego, id e superego, ou eu, isso e supereu), apresentada no texto *O eu e o id*, publicado em 1923. Freud propõe uma instância psíquica denominada supereu. Essa instância, ao mesmo tempo em que possibilita uma aliança psíquica com a cultura, a civilização, os pactos sociais, as leis e as regras, é também responsável pela culpa, pelas frustrações e pelas exigências que o sujeito impõe a si mesmo, muitas delas inalcançáveis. Daí o mal-estar que acompanha todo sujeito e que não pode ser inteiramente superado.

Em 1938, foi redigido o texto *Compêndio da psicanálise*, que seria publicado postumamente em 1940. Freud pretendia escrever uma grande síntese de sua doutrina, mas faleceu no exílio londrino em setembro de 1939, após a deflagração da Segunda Guerra Mundial, antes de terminá-la. O *Compêndio* permanece, então, como uma espécie de inacabado testamento teórico freudiano, indicando a incompletude da própria teoria psicanalítica que, desde então, segue se modificando, se refazendo e se aprofundando.

É curioso que o último grande texto de Freud, publicado em 1939, tenha sido *O homem Moisés e a religião monoteísta*, trabalho potente e fundador que reexamina teses historiográficas basilares da cultura judaica e da religião monoteísta a partir do arsenal psicanalítico. Essa obra mereceu comentários de grandes pensadores contemporâneos como Josef Yerushalmi, Edward Said e Jacques Derrida, que continuaram a enriquecê-la, desvelando não só a herança judaica muito particular de Freud, por ele afirmada e ao mesmo tempo combatida, mas também o alcance da psicanálise no debate sobre os fundamentos da historiografia do judaísmo, determinante da constituição identitária de pessoas, povos e nações.

Esta breve anotação introdutória é certamente insuficiente, pois muito ainda se poderia falar de Freud. Contudo, esperamos haver, ao menos, despertado a curiosidade no leitor, que passará a ter em mãos, com esta coleção, uma nova e instigante série de textos de Freud, com tradução direta do alemão e revisão técnica de destacados psicanalistas e estudiosos da psicanálise no Brasil.

Ao leitor, só nos resta desejar boa e transformadora viagem.

Uma recordação de infância de Leonardo da Vinci

Prefácio

As implicações da psicanálise aplicada

Noemi Moritz Kon e Thiago Majolo

O que Freud viu em Leonardo

O interesse de Freud por grandes nomes da cultura universal, como Aníbal, Moisés, Shakespeare, Darwin, Goethe e, entre muitos outros, Leonardo da Vinci, é evidente ao longo de sua extensa obra. Freud não era apenas influenciado pelas obras e ideias desses ídolos, seus heróis, mas também passou a vê-los como objetos de estudo, no desejo de compreender o gênio humano, suas motivações, o funcionamento de suas mentes brilhantes, o espírito de suas ideias. Em paralelo, podemos atribuir um anseio semelhante a Leonardo. Em suas anotações, a certa altura ele escreve: "Que o criador permita que eu seja capaz de revelar a natureza e os costumes do homem, assim como posso descrever sua figura". Investigadores insaciáveis, donos de perguntas irrespondíveis, Freud e Leonardo da Vinci tinham uma aspiração e curiosidade pelo saber, dedicando-se à compreensão da cultura na mesma medida em que a produziam. É, assim, sem surpresa que o psicanalista identificado com o grande artista passe a se interessar pelo grande mestre do Renascimento, época propícia a produzir espíritos inquietos que aspiravam a um tipo de saber vasto e total do homem e da natureza.

Mas, como toda busca por um saber unificante, o encantamento de Freud por Leonardo da Vinci também esbarrou em limites, em impossibilidades de compreensão, e o mistério da genialidade de Leonardo parece ter perturbado Freud com um enigma sem resposta, ao qual, no entanto, ele tentou responder de forma arrebatada e claudicante.

Em 9 de outubro de 1898, numa carta remetida a seu então dileto amigo e confidente Wilhelm Fliess, Freud, ao final da missiva, escreve as seguintes linhas: "Leonardo – não se tem notícia de nenhum caso amoroso dele – talvez seja a mais célebre das pessoas canhotas. Você pode usá-lo?". Como as cartas escritas por Fliess a Freud foram destruídas, podemos apenas inferir um pedido daquele a este sobre um levantamento de célebres pessoas canhotas conhecidas, e possivelmente a assunção de alguma relação dessa característica com a sexualidade. Essas conexões de cunho acima de tudo conspiratórias estão presentes em toda a teoria de Fliess e em parte na amizade entre esses dois homens. A paranoia une esse laço de amizade, que mais tarde será quebrado e retornará com acusações mútuas. Essa é a primeira evidência que temos do interesse que Freud tinha na figura do gênio Leonardo da Vinci.

A partir de então, até a publicação do livro sobre Leonardo, em 1910, Freud pesquisou sobre o mestre do Renascimento *pari passu* ao desenvolvimento de sua teoria geral sobre as neuroses, que fundaria a psicanálise. Baseou-se principalmente numa biografia escrita por

Edmondo Solmi, publicada em 1908, somada a outra de Giorgio Vasari e a um romance histórico de Dmitri Sergueievich Merejkovski. Em 1905, Freud publicara seu célebre livro *Três ensaios sobre a teoria da sexualidade*, e em 1908, o artigo "Sobre as teorias sexuais das crianças", escritos polêmicos para sua época em que desenvolvia a tese sobre uma sexualidade infantil fundante para o psiquismo e que acompanharia, com suas transformações e resoluções sintomáticas, a vida do sujeito por toda a vida. Freud também já vinha empregando seu método clínico a pacientes ao longo de mais de uma década, e a psicanálise começava a ganhar contornos, importância, adeptos e muitos detratores.

Os críticos incomodavam Freud, e amiúde ele os rebatia em seus escritos, ora defendendo suas ideias, ora atacando diretamente aqueles que, segundo ele, não conseguiam aceitar a psicanálise por certa resistência neurótica e apego ao tabu da sexualidade. Nesse embate constante, podemos ver em Freud tanto sua capacidade de argumentação rigorosa, arguta e irônica, quanto certa paranoia, traço de personalidade que manifestava sempre que se via acuado. Esse traço, que é de menor importância na constituição de sua obra tão consistente, aparece com contornos mais acentuados nesse estudo que faz de Leonardo da Vinci. Freud temia as críticas que receberia sobre o texto, principalmente por ousar à época tomar Leonardo como alguém cuja sexualidade inativa correspondia a uma homossexualidade inacabada, e, assim, faz vários apelos aos leitores para que o acompanhem até o final de sua construção teórica, além de justificar-se assiduamente ao longo do livro.

Porém, o que deflagra de mais polêmico é o emprego da escuta psicanalítica a alguém morto séculos antes, feita a partir de pouquíssimos fragmentos dos diários de Leonardo e de uma leitura enviesada sobre sua obra gigantesca. Nisso, parece-nos que Freud vai além dos limites da observação empírica ou científica e tece um fio de interpretação de traçado sinuoso, arquitetado pelo desejo de comprovar suas próprias teses. Recheado de citações e alusões, o livro sobre Leonardo convida o leitor a acompanhar esse fio interpretativo sinuoso, que retorna até a mitologia egípcia passando pelos possíveis temas artísticos supostamente correntes à época do Renascimento, sempre com a intenção de convencer o leitor de que Leonardo teria tido acesso a todo esse arsenal de informações levantado e aludido por Freud.

As teorias da sexualidade infantil já haviam ganhado uma ilustração exemplar de Freud no caso do pequeno Hans, e agora o psicanalista retornava à pena para comprovar sua tese e seu método de escuta e pesquisa amparado pelo mistério da genialidade obtusa e complexa de Da Vinci. Nos *Cadernos* do artista, o psicanalista encontrou uma única menção a uma suposta recordação infantil, em que Leonardo, ao investigar o voo dos pássaros, afirma se lembrar de que, quando ainda em idade de berço, um abutre teria pousado nele, aberto sua boca com a cauda e batido repetidas vezes em seus lábios. Tendo essa informação em mãos, somada à informação biográfica de que Leonardo era um filho ilegítimo, abandonado pelo pai e criado unicamente pela mãe, Freud busca entender alguns enigmas sobre aquele homem que criou tantas obras inacabadas e empreendeu uma quase ilimitada vontade de conhecer, desbravando diversas áreas das ciências naturais, da engenharia, das artes etc., tendo se tornado talvez o mais profícuo inventor que conhecemos e um dos mais surpreendentes artistas de todos os tempos.

Freud amava esse texto que escrevera. Achava-o belo, e de fato, como podemos acompanhar nessa igualmente bela tradução diretamente do alemão de Renato Zwick, o livro sobre Leonardo tem momentos poéticos, frases impactantes e um estilo detetivesco, que nos faz lembrar de romances policiais de primeira categoria. Não à toa, a psicanálise se tornou uma referência para autores desse gênero, e aqui o leitor vai seguindo os pequenos fragmentos de que Freud dispunha, como pistas deixadas pelo assassino para reconstruir uma possível narrativa que se perdeu ao longo do tempo. Não queremos estragar a leitura recuperando todos os minuciosos detalhes dessa interpretação freudiana arguta e imaginativa, o que seria estéril, mas, como se antecipássemos o final de um livro de suspense, descreveremos então o que Freud criou a partir das pistas que foi coletando, somando a elas suas teorias sobre a sexualidade infantil.

Pois o psicanalista pôs-se a imaginar que a recordação de Leonardo de que um abutre teria descido até seu berço seria uma lembrança construída a posteriori e que traria elementos de outras fases de sua vida e outros signos capturados em livros ou da cultura geral; esses elementos e signos se apoiavam na sensação oral da amamentação, quando Leonardo segurava o mamilo da mãe e o sugava. Essa expressão de uma nascente sexualidade infantil teria se deslocado para um prazer oral de tal modo que o toque repetido da cauda do abutre nos lábios teria o mesmo movimento de uma felação, o que comprovaria uma possível homossexualidade do artista, insinuada em dados autobiográficos de que Freud dispunha. Para compreender essa ligação, o psicanalista retoma a mitologia egípcia, em que a imagem do abutre representaria uma divindade materna cuja pronúncia do nome se aproximava da palavra alemã *Mutter,* ou seja, "mãe". Diz Freud que nas lendas cristãs o abutre era uma espécie de animal só existente no gênero feminino, fecundada pelo vento e imaculada como a Virgem.

Assim, Leonardo, filho criado apenas pela mãe, aos olhos de Freud, teria estabelecido uma relação de identificação maciça com sua progenitora, o que daria sentido a sua homossexualidade. Mas seria uma homossexualidade que se manifestava de modo inacabado, expressa em sua suposta sexualidade inativa. Inacabada como suas obras, inacabada como teria sido a relação com seu pai. Se, de um lado, Leonardo não votava respeito às autoridades constituídas, como Deus ou qualquer figura paterna, o que o tornava um investigador assíduo e não complacente com o saber instituído, por outro enfrentaria uma impossibilidade de finalizar suas obras. Essa sexualidade inacabada seria uma espécie de fixação no desenvolvimento sexual numa fase autoerótica, um apaixonamento por si mesmo, uma face narcísica irresoluta. E, assim, Freud traça uma das possíveis trilhas no desenvolvimento psicossexual que levaria à constituição psíquica da homossexualidade.

Indo ainda mais longe, e numa outra vertente, Freud resolve desvendar o enigma do sorriso de Mona Lisa. Esse seria o sorriso da mãe de Leonardo da Vinci, Caterina, pelo qual ele se apaixonara. Freud enxerga Caterina como uma mulher que se tornara insatisfeita após a separação, e assim tomara seu menino Leonardo no lugar do marido. Contra essas investidas eróticas demasiadamente precoces, Leonardo teria reagido de forma singular, "fechando" o caminho de seu desenvolvimento sexual numa espécie de homossexualidade inacabada, inativa. O resultado desse fechamento seria a sublimação de sua sexualidade numa pulsão pelo conhecimento, pelo saber. O sorriso dúbio, indecifrável e misterioso de Mona Lisa representaria uma dupla mensagem: enorme ternura com misto de erotismo e fatalidade. Sublimando sua sexualidade em uma incansável atividade investigativa nas mais diversas áreas, o Leonardo da Vinci criado por Freud é um ser atormentado, que deslocou sua busca por prazer erótico em uma incansável investigação sobre as mais diferentes áreas do saber. Nas palavras do psicanalista: "Quem começou a vislumbrar a grandeza da concatenação do mundo e dos aspectos necessários dele perde facilmente o seu próprio e pequeno eu (p. 58)".

Psicanálise aplicada

Em 1902, Freud criou a Sociedade Psicológica das Quartas-Feiras, uma reunião entre intelectuais e curiosos da época, pessoas inquietas e insatisfeitas com a ciência e dedicadas a estudar e debater as novas teorias freudianas, que começavam a se espalhar num contexto de profundas mudanças sociais e culturais da Europa Central. Durante os cinco anos em que foram realizadas, as reuniões que aconteciam na casa de Freud, na rua Bergasse, pontualmente às nove horas da noite, deram início ao movimento psicanalítico que mais tarde se desdobraria na criação da Associação Internacional de Psicanálise (IPA).

Foi no bojo das profícuas discussões das quartas-feiras que se deram os primeiros debates em torno da ideia de se aplicar a psicanálise a campos exteriores ao do funcionamento psíquico, extrapolando a esfera clínica para permear a cultura geral. Desde o início, a psicanálise aplicada angariou defensores e críticos, que se perguntavam sobre a validade de se aplicar os conceitos de inconsciente e sexualidade infantil a uma dimensão que escapasse da vida psíquica dos sujeitos, estendendo-se também ao coletivo. Da mesma forma, temiam que a psicanálise aplicada pudesse produzir uma psicopatografia, uma leitura psicológica patologizante sobre a cultura.

Freud, como sempre, mostrou-se ambivalente. Recuava diante de um patografia[1] e ao mesmo tempo defendia a psicanálise aplicada, e assim passou a produzir

1. Psicopatografia ou patografia: biografia que coloca seu biografado como doente psíquico, com viés patologizante.

diversas obras com esse viés. A primeira delas foi lançada em 1907, intitulada *Delírio e sonhos na* Gradiva *de Jensen*. Em 1912, Hanns Sachs e Otto Rank fundariam a revista *Imago*, publicação cara a Freud, na qual publicou as primeiras versões de *Totem e tabu* e *O Moisés de Michelangelo*. Todos esses trabalhos, entre outros, como o estudo *Dostoiévski e o parricídio*, de 1928, ou o trabalho de Maria Bonaparte acerca da obra de Edgar Allan Poe, compõem uma enorme lista de estudos de psicanálise aplicada, dentre os quais o livro que o leitor tem em mãos, *Uma recordação de infância de Leonardo da Vinci*.

Esse famoso e polêmico texto de Freud se configura como um voo mais ousado na história da psicanálise aplicada, uma vez que o psicanalista não somente busca traçar um perfil psicológico de Leonardo, mas se ampara nele para caminhar na sua teoria acerca da sexualidade, das pulsões e da preeminência do infantil no inconsciente, abordando de forma mais abrangente a questão da homossexualidade e do narcisismo. Mas, ainda que as teorias freudianas causassem e ainda causem polêmicas, foi acima de tudo essa aplicação da psicanálise à cultura o que se tornou o alvo de maiores e mais fundamentadas críticas (incluindo nessa longa lista de questionadores uma parte significativa da comunidade psicanalítica). Se o método psicanalítico aplicado à cultura já era de validade duvidosa, a profusão de ensaios de psicanálise aplicada que surgiu ao longo dos anos de modo tanto leviano quanto violento em suas interpretações de obras e autores fez com que psicanalistas como Daniel Lagache,

Jacques Lacan, entre outros, criticassem e condenassem seu uso, tentando proteger a psicanálise freudiana de uma das suas mais evidentes fragilidades metodológicas.

Ainda controversa, a psicanálise aplicada não deixou de ser uma abordagem constante nos meios psicanalíticos, e amiúde encontramos ensaios que muitas vezes reduzem a cultura a uma dimensão psicológica. A tentativa de compreensão totalizante das motivações subterrâneas dos artistas não somente costuma deturpar a apreensão de obras como também retira da psicanálise o que ela tem de mais fecundo: a dimensão do enigma, do mistério, do não saber. A psicanálise aplicada, levianamente usada, é capaz de trabalhar como se fosse possível furar o umbigo dos sonhos, ou seja, alcançar numa interpretação a resposta sobre a origem da vida e da criação. Assim como as artes, o conhecimento psicanalítico sofre e adoece quando faz de seu ofício um método a ser aplicado, enquanto deveria ser um conhecimento implicado no desconhecido, uma pergunta que se faz a um oráculo sem respostas.

O que Leonardo viu em Freud

No mesmo ano em que lançou o estudo sobre Leonardo da Vinci, Freud publicou um artigo chamado "Psicanálise selvagem", em que advertia a comunidade psicanalítica de um mau uso da técnica. No artigo, Freud reitera que o analista deveria comunicar ao analisando suas interpretações apenas no momento em que elas fizessem sentido ao ouvinte, de forma que o saber sobre a doença seria sempre do analisando, assim como a busca por resolução. O analista deveria acompanhar esse processo, e não transformar a psicanálise num saber geral sobre as individualidades, em que bastasse tomar posse dessas informações para se estabelecer uma cura. O risco de uma psicanálise assim dita selvagem seria o de fechar ainda mais a resistência do analisando frente a essa violência interpretativa. Ademais, o que sabe de antemão o psicanalista sobre seu analisando? Freud parecia dar novamente ouvidos a um dos seus autores prediletos, Shakespeare, que num belíssimo diálogo da peça *A tempestade* coloca na boca de um dos seus personagens uma advertência parecida: "Falta a tua verdade gentileza /e hora certa. Está abrindo a ferida / quando devia fechá-la".

Dez anos antes, em *A interpretação dos sonhos*, Freud já criticara o método do sábio grego Artemidoro para interpretar o conteúdo onírico em seu livro *Sobre a interpretação dos sonhos*, escrito na segunda metade do século II. Apesar da deferência à obra e ao autor, Freud faz uma ressalva sobre a eficácia de um adivinho ou oniromante trabalhar a partir de signos e símbolos fechados, comunicando seus significados ao sonhador de forma inequívoca e unilateral. Alguém que se atrevesse a interpretar um sonho alheio estaria apenas fazendo uso de um repertório simbólico concernente a si próprio, e não àquele que produziu o sonho e que deveria tomar posse de seu significado.

Não obstante, ao se deparar com imensos obstáculos e adversários que o advento da psicanálise trazia, imbuído de um espírito conquistador e lutando para transformar a psicanálise em uma ciência respeitada nos meios médicos, Freud muitas vezes se esquiva de suas próprias advertências e se embrenha em interpretações selvagens, violentas e bastante descabidas, como acontece com sua análise sobre Leonardo da Vinci. Tendo construído um importante edifício teórico entre 1900 e 1910, constituído principalmente pelos monumentais *A interpretação dos sonhos* (1900), *Sobre a psicopatologia da vida cotidiana* (1901), *O chiste e sua relação com o inconsciente* (1905) e *Três ensaios sobre a teoria da sexualidade* (1908), Freud parecia mais do que convicto de poder provar, nos sujeitos, a premência do inconsciente fundado na linguagem e nela expresso e da sexualidade infantil, bem como a pertinência de sua metodologia de escuta, não apenas clínica, mas empregada na cultura. Assim, a psicanálise poderia ser usada quase como uma teoria geral para a compreensão de todas as formas de conhecimento, pois toda manifestação humana passaria, a priori, pela psicologia profunda de cada indivíduo que a produziu.

Se isso por si só já não soasse como uma falácia teórica quando aplicada a qualquer campo do conhecimento, no caso das artes o resultado traz um retorno inesperado, pois uma obra de arte costumeiramente é mais capaz de nos interpretar do que é passível de ser interpretada. Assim, parece que, ao ler sobre Leonardo da Vinci, estamos lendo sobre Freud, suas obsessões, sua intransigência com qualquer autoridade constituída, sua busca ilimitada por compreensão e concatenação de todos os pormenores, seu interesse multifacetado, sua pulsão por saber.

Mas não queremos aqui recorrer ao mesmo método que criticamos e, analisando Freud por seu texto, reduzirmos sua grandeza. Deixamos aos leitores a responsabilidade pelas conexões feitas nesse espelhamento entre Freud e Leonardo. Freud diz que a sexualidade inacabada e sublimada de Leonardo o transformou num pesquisador sem limites, num investigador, o que acabou por freá-lo na produção artística, mais dada à beleza, à voluptuosidade da qual fugia. A certa altura do texto, Freud descreve assim o caminho pelo qual o impulso por conhecimento de Leonardo, aos poucos, deixa de ser um aliado para se tornar um traço que paralisa seus dons artísticos: "De início, o artista tomara o pesquisador a seu serviço como auxiliar; agora o serviçal se tornara o mais forte e oprimia seu amo (p. 60)". Desta forma, Freud interpreta a tendência de Leonardo em não terminar suas empreitadas artísticas como uma manifestação de seus sintomas e enxerga nos pequenos deslizes e erros do renascentista a emergência de atos falhos. Ironicamente, o tema principal do estudo de Leonardo, a sublimação, nunca se tornou um conceito acabado por Freud, que, depois de incluí-lo na lista de conceitos sobre os quais escreveria seus textos metapsicológicos, jamais levou a cabo a tarefa. Foi ainda esse texto que trouxe para a discussão da obra freudiana uma polêmica sobre o uso de uma tradução alemã possivelmente imprecisa dos *Cadernos* de Leonardo da Vinci, o que deixou sua argumentação na corda bamba.

A polêmica começou em 1923, quando um leitor da revista *Burlington Magazine for Connoisseurs*, em que fora publicado um artigo sobre o livro de Freud, afirmou que a versão alemã usada por Freud dos *Cadernos* de Leonardo traduzira mal a palavra original italiana *nibbio*, que não significava "abutre", mas sim "milhafre". Em 1956, o notório historiador de arte lituano Meyer Shapiro reconheceu esse erro, além de outras interpretações no mínimo vacilantes de Freud sobre a história das artes. Tendo encontrado nos diários de Leonardo uma única suposta recordação infantil – a investida do abutre sobre seu berço –, Freud se agarrou a essa anotação e a partir dela tentou provar sua interpretação do artista e de sua própria teoria sobre a sexualidade infantil. Para tanto, precisava provar ao leitor que a mitologia cristã sobre o abutre como símbolo da concepção imaculada, tal como a Virgem Maria, era conhecida de Leonardo. Uma vez que toda a argumentação freudiana sobre Leonardo se baseava na palavra "abutre" – e para incluir tal termo no suposto repertório simbólico de Leonardo já fora necessário um contorcionismo mirabolante –, agora, retirando-se essa palavra, pouco ficava de pé. Ainda que muitos psicanalistas tenham saído em defesa de Freud, a argumentação de seu constructo parece difícil.

Falcões, águias, milhafres e abutres, entre outras aves de rapina, podem ser e foram costumeiramente confundidos entre si, inclusive na nomenclatura, em diversos países e contextos históricos. Na tradição egípcia, a que Freud se refere, o milhafre, muitas vezes confundido com uma águia, seria o símbolo de Ísis, a mãe. Na tradição cristã, podemos encontrar, em diferentes traduções e revisões do hebraico, referências ao abutre e ao falcão no que seria, possivelmente, uma designação pouco precisa para o milhafre-real. É possível que na língua alemã a palavra *Geier*, que tem por "abutre" o seu primeiro significado, tenha sido um adjetivo utilizado para designar as aves de rapina em geral, o que tornou de difícil acesso a nomeação específica de cada ave. Desta forma, a palavra *nibbio*, de Leonardo, poderia ser traduzida tanto como milhafre quanto como abutre, entre outras aves, o que tornaria o debate sobre um possível equívoco de Freud ainda mais complexo.

Essa discussão, que quanto mais se aprofunda mais nos leva a vasculhar diversos campos do conhecimento, seja na história das artes, na linguística, na psicologia etc., parece ser exatamente o que as grandes obras nos ensejam: a busca pelo saber. Eis então o motivo de ainda hoje lermos esse polêmico texto de Freud. Todo conhecimento é feito de enganos, e a história não apagada apenas engrandece as possibilidades de novas leituras e reaberturas simbólicas. Ademais, o escrito de Freud, mesmo com todos os problemas irresolvíveis, ainda assim é fascinante. Não tanto por seu resultado, mas por sua forma e beleza, por nos permitir acompanhar um método de investigação da alma humana que, quando feita juntamente com o analisando, no seu tempo e com delicadeza, pode ser reveladora para ambos, analista e analisando. Acompanhar o modo freudiano de investigação é se deparar, também, com alguém interessado nos mínimos detalhes, alguém aberto às descobertas e instigado pelas culturas universal e particular. E, por último, para nos lembrar que o conhecimento é ainda mais impressionante quando inacabado, aberto, dado a revisões e reconstruções posteriores, consertos e rearranjos.

Ainda contemplamos Leonardo da Vinci e Freud com assombro porque, ao contemplá-los, podemos nos enxergar, ficamos instigados a buscar conhecimento sobre nós e sobre o mundo; um conhecimento que abrirá portas para novos desconhecidos. Tanto as artes quanto a psicanálise são mais incômodas e inquietantes quanto mais ousarem dizer que não sabem nada a princípio, mas que cada sujeito é capaz de constituir um saber próprio a partir de leituras de obras que leem a ele próprio.

Bibliografia

BATISTA, Douglas Emiliano. "Psicanálise, constituição subjetiva e biografia: a recordação infantil de Leonardo da Vinci." Revista Percurso, v.47, dezembro de 2011.

FREUD, S. *Obras completas.* "La interpretación de los sueños" (1900). Trad. Luis Lopez-Ballesteros. Madri: Biblioteca Nueva, 1972.

______. *Obras completas.* "El chiste y su relación con lo inconsciente" (1905). Trad. Luis Lopez-Ballesteros. Madri: Editorial Biblioteca Nueva, 1972.

______. "Tres ensayos de la teoria psicosexual" (1905). Trad. Luis Lopez-Ballesteros. Madri: Biblioteca Nueva, 1972.

______ . "La teoria de la sexualidad en niños" (1908). Trad. Luis Lopez-Ballesteros. Madri: Biblioteca Nueva, 1972.

______. *Sobre a psicopatologia da vida cotidiana.* Trad. Renato Zwick. Porto Alegre: L&PM, 2017.

GAY, P. *Freud, uma vida para nosso tempo.* Trad. Denise Bottmann. São Paulo: Companhia das Letras, 1989.

MASSON, J. M. *A correspondência completa de Sigmund Freud a Wilhelm Fliess (1887-1904).* Trad. Vera Ribeiro. Rio de Janeiro: Imago, 1986.

ROUDINESCO, E. *Sigmund Freud, na sua época e em nosso tempo.* Trad. André Telles. Rio de Janeiro: Zahar, 2016.

_____; PLON, M. *Dicionário de psicanálise.* Trad. Vera Ribeiro e Lucy Magalhães. Rio de Janeiro: Jorge Zahar Editor, 1998.

WHITE, M. *Leonardo: o primeiro cientista.* Trad. Sergio Moraes Rego. Rio de Janeiro: Record, 2002.

Uma recordação de infância de Leonardo da Vinci

Capítulo I

Quando a investigação médica da psique, que usualmente se contenta com material humano enfermiço, passa a se ocupar de um dos grandes do gênero humano, não obedece nisso aos motivos que com tanta frequência lhe são atribuídos pelos leigos. Não ambiciona "denegrir as coisas radiantes e arrastar pela poeira as sublimes";[1] não lhe provoca qualquer satisfação reduzir a distância entre aquela perfeição e a insuficiência de seus objetos habituais. Mas não pode fazer outra coisa senão achar que tudo o que se mostra nesses modelos é digno de compreensão, e acredita que ninguém é tão grande a ponto de ser-lhe vergonhoso obedecer às leis que controlam com o mesmo rigor o agir normal e o patológico.

Leonardo da Vinci (1452-1519) foi admirado já por seus contemporâneos como um dos maiores homens da Renascença italiana, e, no entanto, já para eles pareceu enigmático, como agora ainda o é para nós. Um gênio multifacetado, "cujos contornos apenas podemos supor – jamais sondar",[2] exerceu a mais determinante influência

---

1. De um poema de Friedrich Schiller, "Das Mädchen von Orleans" [A jovem de Orléans]. (Nota dos editores da Freud-Studienausgabe, doravante N.E.)

2. Segundo as palavras de Jacob Burckhardt, citado por Alexandra Konstantinowa, 1907.

sobre seu tempo como pintor; somente a nós ficou reservado reconhecer a grandeza do investigador da natureza (e do técnico)[3] que nele se unia ao artista. Embora tenha deixado obras-primas da pintura, ao passo que suas descobertas científicas permaneceram inéditas e inaproveitadas, em seu desenvolvimento o investigador jamais deixou o artista inteiramente livre, prejudicou-o muitas vezes de maneira séria e, no fim, talvez o tenha reprimido. Vasari coloca em sua boca, em sua hora final, a autorrecriminação de que ofendera Deus e os homens por não ter cumprido seu dever em sua arte.[4] E, ainda que essa narrativa de Vasari não tenha a seu favor a verossimilhança externa e nem muita verossimilhança interna, mas pertença à lenda que começou a se formar em torno do misterioso mestre já em seu tempo de vida, resta-lhe, como testemunho do juízo daqueles homens e daqueles tempos, um valor incontestável.

O que foi que afastou a personalidade de Leonardo da compreensão de seus contemporâneos? Não, certamente, a multiplicidade de suas aptidões e de seus conhecimentos, que lhe permitiu apresentar-se como tocador de alaúde na corte de Ludovico Sforza, cognominado *il*

---

3. O trecho entre parênteses foi acrescentado em 1923. (N.E.)

4. "*Egli per reverenza, rizzatosi a sedere sul letto, contando il mal suo e gli accidenti di quello, mostrava tuttavia, quanto aveva offeso Dio e gli uomini del mondo, non avendo operato nell' arte come si conveniva*" [Por reverência, ergueu-se para ficar sentado no leito e, falando sobre sua doença e as circunstâncias dela, mostrava todavia o quanto ofendera Deus e os homens do mundo por não ter realizado na arte o que cabia realizar]. Vasari, Vite etc., p. LXXXIII, 1550.

Moro, duque de Milão, com um instrumento a que dera nova forma, ou que o fez escrever aquela notável carta a esse mesmo duque em que se vangloriava de seus feitos como engenheiro civil e militar. Pois os tempos da Renascença por certo estavam acostumados a tal reunião de múltiplas capacidades numa só pessoa; o próprio Leonardo era de fato um dos mais brilhantes exemplos disso. Ele tampouco era aquele tipo de homem genial que, exteriormente pouco favorecido pela natureza, por sua vez não dá valor às formas exteriores da vida e, no doloroso ensombrecimento de sua disposição de espírito, foge ao trato com as pessoas. Ele era, antes, alto e uniformemente desenvolvido, com um rosto de beleza perfeita e uma força física incomum, cativante em seus modos, um mestre do discurso, jovial e amável com todos; também amava a beleza nas coisas que o cercavam, gostava de usar trajes suntuosos e apreciava qualquer refinamento do modo de viver. Num trecho do tratado sobre a pintura,[5] significativo em relação a sua alegre capacidade de fruição, ele comparou a pintura a suas artes irmãs e descreveu as fadigas do trabalho do escultor: "Eis que ele tem o rosto todo lambuzado e empoado com pó de mármore, de modo que parece um padeiro, e está todo coberto por pequenas estilhas de mármore, dando a impressão de que caiu neve sobre sua corcunda, e sua habitação está cheia de estilhas de pedra e poeira. Quanto ao pintor, o caso é inteiramente oposto [...], pois fica sentado com grande comodidade diante de sua obra, bem-vestido, e move o

5. *Tratado da pintura*, 1909.

levíssimo pincel com graciosas cores. Está adornado com as roupas que lhe agradam. E sua habitação está cheia de alegres pinturas e reluzentemente limpa. Muitas vezes tem companhia, de música ou de pessoas, que leem em voz alta belas e variadas obras ouvidas com grande prazer, sem retumbar de martelos ou qualquer outro barulho".

É perfeitamente possível que a ideia de um Leonardo radiantemente jovial e folgazão esteja correta apenas para o primeiro e mais longo período de vida do mestre. A partir de então, quando a decadência do poderio de Ludovico Moro o obriga a deixar Milão, seu círculo de ação e sua posição segura a fim de levar uma vida incerta e menos rica em sucessos exteriores até o derradeiro asilo na França, o brilho de sua disposição de espírito pode ter empalidecido, e alguns traços estranhos de sua natureza podem ter se destacado com mais força. A mudança de seus interesses, crescente ao longo dos anos, que o afastava de sua arte e o aproximava da ciência, também deve ter contribuído para aumentar o abismo entre sua pessoa e seus contemporâneos. Todos os experimentos com que ele, na opinião deles, desperdiçava seu tempo, em vez de pintar diligentemente sob encomenda e enriquecer, como por exemplo seu antigo condiscípulo Perugino, pareciam-lhes brincadeiras excêntricas ou inclusive o colocavam sob suspeita de servir às "artes negras". Nós o compreendemos melhor nesse aspecto, visto que sabemos por suas anotações que artes ele praticava. Numa época que começou a trocar a autoridade da Igreja pela da Antiguidade e que ainda não conhecia a pesquisa isenta de pressupostos, ele, o precursor e mesmo um concorrente nada indigno de Bacon e de Copérnico, estava necessariamente isolado. Quando dissecava cadáveres de cavalos e de pessoas, construía aparelhos voadores, estudava a nutrição das plantas e seu comportamento em relação a venenos, ele de fato se afastava muito dos comentadores de Aristóteles, aproximando-se dos desprezados alquimistas, em cujos laboratórios, pelo menos, a investigação experimental encontrara um refúgio durante aqueles tempos nada propícios.

Para sua pintura, isso teve a consequência de que não gostava de tomar do pincel, pintava cada vez menos e mais raramente, na maioria das vezes deixando incompleto o que começara e pouco se preocupando com o destino posterior de suas obras. Isso também foi motivo de recriminação por parte dos contemporâneos, para quem sua relação com a arte permaneceu um mistério.

Muitos dos posteriores admiradores de Leonardo tentaram extirpar de seu caráter a mácula da inconstância. Eles defendem que aquilo que se critica em Leonardo é uma peculiaridade dos grandes artistas em geral. Mesmo o enérgico Michelangelo, obstinado em seu trabalho, deixou incompletas muitas de suas obras, e nisso lhe caberia tão pouca culpa quanto a Leonardo no mesmo caso. Muitos quadros também não teriam ficado tão incompletos como ele declarou que ficaram. Aquilo que ao leigo já parece uma obra-prima ainda seria para o criador da obra de arte uma corporificação insatisfatória de suas intenções; ele imaginaria uma perfeição que sempre desanimaria de reproduzir numa cópia. Mas o que menos viria ao caso seria responsabilizar o artista pelo destino final que atinge suas obras.

Por mais plausíveis que muitas dessas desculpas possam ser, não cobrem todo o estado de coisas que encontramos em Leonardo. A penosa luta com a obra, a fuga final diante dela e a indiferença quanto a seu destino posterior podem reaparecer em muitos outros artistas; Leonardo, porém, sem dúvida mostrou esse comportamento em altíssimo grau. E. Solmi (1910, p. 12) cita a declaração de um de seus discípulos: "*Pareva, che ad ogni ora tremasse, quando si poneva a dipingere, e però non diede mai fine ad alcuna cosa cominciata, considerando la grandezza dell' arte, tal che egli scorgeva errori in quelle cose, che ad altri parevano miracoli*".[6] Seus últimos quadros, a *Leda*, a *Madona de Santo Onofre*, o *Baco* e o *São João Batista jovem* teriam ficado incompletos "*come quasi intervenne di tutte le cose sue...*".[7] Lomazzo, que fez uma cópia da *Santa ceia*, referiu-se num soneto à conhecida incapacidade de Leonardo para pintar algo até o fim:

Protogen che il penel di sue pitture
Non levava, agguaglio il Vinci Divo,
Di cui opra non è finita pure.[8]

---

6. "Parecia tremer o tempo inteiro quando se punha a pintar, e por isso jamais terminava coisa alguma começada, considerando tamanha a grandeza da arte que descobria erros naquelas coisas que a outros pareciam milagres." (N.E.)

7. "Como acontecia com quase todas as suas coisas." (N.E.)

8. [Protógenes, que o pincel de sua pintura / Não tirava, igualou-se ao divino Vinci, / De quem não há obra acabada. (N.E.)] Citado por Scognamiglio, 1900, p. 112.

A lentidão com que Leonardo trabalhava era proverbial. Após os mais minuciosos estudos preliminares, ele trabalhou por três anos na *Santa ceia* do mosteiro de Santa Maria delle Grazie, em Milão. Um contemporâneo, o novelista Matteo Bandelli, que na época era um jovem monge do mosteiro, conta que muitas vezes Leonardo subia nos andaimes logo cedo e, chegada a noite, ainda não largara o pincel, não pensando em comer nem beber. Então, passavam-se dias sem que pusesse mãos à obra; vez por outra ficava por horas a fio diante da pintura e se contentava em examiná-la em seu íntimo. Outras vezes, vinha ao mosteiro diretamente do pátio do castelo de Milão, onde trabalhava no modelo da estátua equestre de Francesco Sforza, para dar algumas pinceladas num personagem, mas então partia sem demora.[9] No retrato da Mona Lisa, esposa do florentino Francesco del Giocondo, Leonardo trabalhou, segundo Vasari, por quatro anos, sem conseguir levá-lo ao último grau de perfeição, fato que possivelmente também se coaduna com a circunstância de o quadro não ter sido entregue ao encomendante, mas ficar com Leonardo, que o levou consigo à França.[10] Comprado pelo rei Francisco I, constitui hoje um dos maiores tesouros do Louvre.

Quando comparamos esses relatos sobre o modo de trabalho de Leonardo com o testemunho do número extraordinariamente grande de esboços e estudos remanescentes, que apresentam as mais múltiplas variações

9. W. von Seidlitz, 1909, vol. 1, p. 203.

10. Von Seidlitz, 1909, vol. 2, p. 48.

dos motivos que aparecem em seus quadros, temos de repelir a concepção de que traços de leviandade e inconstância tenham chegado a influenciar minimamente a relação de Leonardo com sua arte. Percebemos, ao contrário, um aprofundamento absolutamente extraordinário, uma riqueza de possibilidades entre as quais a decisão só é tomada de modo hesitante, exigências que mal podem ser satisfeitas e uma inibição na execução que na verdade tampouco se explica pela necessária discrepância entre o artista e seu propósito ideal. A lentidão, que desde sempre chamara a atenção nos trabalhos de Leonardo, revela-se como um sintoma dessa inibição, como um prenúncio do posterior afastamento da pintura.[11] Também foi ela que determinou o destino, não isento de culpa, da *Santa ceia*. Leonardo não conseguia se acostumar com a pintura *a fresco*, que exige um trabalho rápido, enquanto o fundo ainda está úmido; por isso escolheu as tintas a óleo, cuja secagem lhe permitia adiar a conclusão do quadro de acordo com seu estado de espírito e seu ócio. Mas essas cores se soltavam do fundo sobre o qual haviam sido aplicadas e que as isolava da parede; os defeitos dessa parede e os destinos do lugar se juntaram para determinar a deterioração inevitável, segundo parece, da pintura.[12]

11. W. Pater, *Die Renaissance* [A Renascença]. Traduzido do inglês. Segunda edição, 1906. "Porém é certo que em dado momento de sua vida ele quase deixou de ser artista."

12. Ver em v. Seidlitz, 1909, vol. 1, a história das tentativas de restauração e de salvamento.

A pintura da batalha equestre de Anghiari parece ter sucumbido devido ao fracasso de uma tentativa técnica semelhante, obra que ele começou a pintar mais tarde em uma competição com Michelangelo numa parede da sala do *Consiglio* de Florença e que também abandonou em estado inacabado. É como se um interesse alheio, o do experimentador, tivesse de início reforçado o interesse artístico para depois prejudicar a obra de arte.

O caráter do homem Leonardo ainda mostrava vários outros traços incomuns e aparentes contradições. Pareciam inequívocas nele uma certa inatividade e indiferença. Numa época em que cada indivíduo buscava conquistar o mais amplo espaço para suas atividades, o que não pode acontecer sem liberar uma agressão enérgica contra outros, ele chamava a atenção pela sossegada placidez, por evitar quaisquer rivalidades e desavenças. Era brando e bondoso com todos, supostamente não se alimentava de carne por não considerar legítimo privar animais da vida e tinha um prazer especial em dar liberdade a aves que comprava no mercado.[13] Condenava a guerra e o derramamento de sangue, julgando que o ser humano não era o rei do mundo animal, mas antes a pior das bestas selvagens.[14] Porém, essa delicadeza feminil da sua sensibilidade não o impediu de acompanhar criminosos condenados em seu caminho ao patíbulo para

13. E. Müntz, 1899, p. 18. (Uma carta de um contemporâneo enviada da Índia a um Médici alude a essa peculiaridade de Leonardo. Citado por J.P. Richter.)

14. F. Bottazzi, 1910, p. 186.

estudar seus rostos contorcidos de medo e desenhá-los em sua caderneta, não o impediu de projetar as mais cruéis armas ofensivas e, como primeiro engenheiro militar, entrar a serviço de César Bórgia.[15] Parecia muitas vezes indiferente ao bem e ao mal, ou exigia ser medido segundo um critério especial. Numa posição decisiva, tomou parte na campanha de César que colocou esse que era o mais impiedoso e desleal de todos os inimigos na posse da Romanha. Sequer uma linha das anotações de Leonardo revela uma crítica ou um interesse nos acontecimentos daqueles dias. Não se pode rejeitar inteiramente a comparação com Goethe durante a campanha da França.[16]

Se um ensaio biográfico pretende realmente chegar à compreensão da vida psíquica de seu herói, não pode passar por alto em silêncio, como ocorre por discrição ou pudicícia na maioria das biografias, a atividade sexual, a peculiaridade sexual do investigado. O que se sabe a respeito sobre Leonardo é pouco, mas esse pouco é significativo. Numa época que presenciava a sensualidade sem limites lutar com o sombrio ascetismo, Leonardo foi um exemplo de fria recusa sexual que não esperaríamos

15. César Bórgia (1475/76-1507): filho ilegítimo do cardeal Rodrigo Bórgia (nomeado papa em 1492 sob o nome de Alexandre VI), valeu-se da influência do pai em sua luta por títulos e territórios. Da Vinci esteve a seu serviço entre 1502 e 1503. (N.T.)

16. De agosto a outubro de 1792, no séquito do duque Karl August von Sachsen-Weimar-Eisenach – que em 1775 o convidara a Weimar –, Goethe tomou parte na campanha militar contra a França revolucionária. (N.T.)

no artista e figurador da beleza feminina. Solmi[17] cita dele a seguinte frase, que caracteriza sua frigidez: "O ato da procriação e tudo o que com ele se relaciona é tão repulsivo que os seres humanos logo se extinguiriam se não fosse um costume ancestral e se ainda não houvesse belos rostos e pendores sensuais". Os escritos que deixou, que não abordam apenas os mais altos problemas científicos, mas também contêm inocuidades que mal nos parecem dignas de um espírito tão grande (uma história natural alegórica, fábulas com animais, contos burlescos, profecias),[18] são castos – diríamos: abstinentes – num grau que ainda hoje causaria espanto numa obra das belas-letras. Eles se esquivam de maneira tão resoluta a toda a esfera sexual que é como se apenas Eros, que conserva tudo o que é vivo, não fosse um tema digno para o ímpeto de saber do pesquisador.[19] É sabido com que frequência os grandes artistas se comprazem em desafogar suas fantasias em representações eróticas e mesmo grosseiramente obscenas; de Leonardo, pelo contrário, possuímos apenas alguns desenhos anatômicos sobre os genitais internos da mulher, a posição do feto no útero materno etc.[20]

17. Solmi, 1908, p. 24.

18. Marie Herzfeld, 1906.

19. Talvez os contos burlescos – *belle facezie* – por ele reunidos, que não se encontram traduzidos, constituam uma exceção, aliás insignificante. Ver Herzfeld, 1906, p. CLI.

20. [Nota acrescentada em 1919] Um desenho de Leonardo que representa o ato sexual num corte anatômico sagital e que certamente não pode ser chamado de obsceno revela alguns erros notáveis, descobertos pelo dr. Reitler (1917) e discutidos no espírito (cont.)

É duvidoso que Leonardo tenha alguma vez se unido num amplexo amoroso a uma mulher; nada se conhe-

(cont.) da caracterização dada aqui [ver fig. 1]: "E esse imenso impulso investigativo fracassou completamente justo na figuração do ato da procriação – obviamente, apenas em decorrência de seu recalcamento sexual ainda maior. O corpo masculino foi desenhado por inteiro, e o feminino, apenas em parte. Quando mostramos a um observador imparcial o desenho aqui reproduzido, cobrindo, com exceção da cabeça, todas as partes que se encontram abaixo, pode-se esperar com certeza que a cabeça seja considerada feminina. As mechas onduladas, tanto da parte dianteira da cabeça como também aquelas que caem pelas costas até a quarta ou quinta vértebra dorsal, caracterizam a cabeça decisivamente como mais feminina do que viril.

"O seio feminino mostra duas deficiências, e em primeiro lugar sob o aspecto artístico, pois seu contorno oferece a visão de um seio flácido, pendente, nada bonito, e, em segundo lugar, também sob o aspecto anatômico, pois o investigador Leonardo aparentemente foi impedido por sua rejeição ao sexo de observar com atenção sequer (cont.)

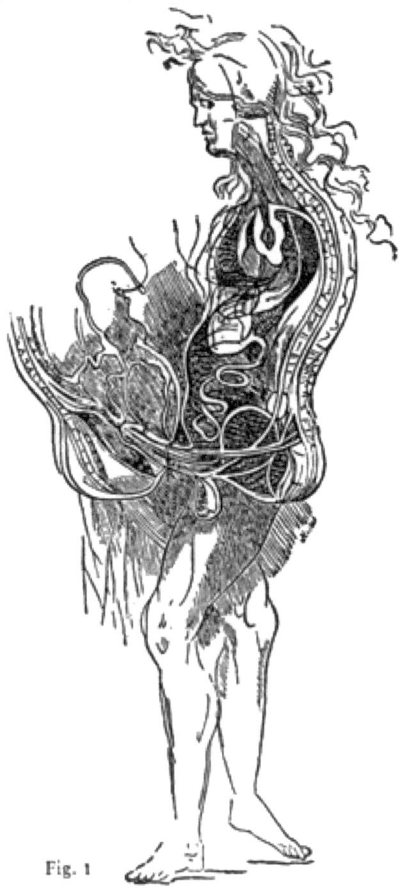

Fig. 1

ce, tampouco, de uma relação anímica íntima com uma mulher, como a de Michelangelo com Vittoria Colonna.

(cont.) uma vez o mamilo de uma mulher lactante. Tivesse feito isso, teria percebido que o leite flui de diversos canais, separados entre si. Mas Leonardo desenhou apenas um único canal, que desce fundo na cavidade abdominal e provavelmente, segundo sua opinião, tira o leite da *cysterna chyli* [cisterna do quilo] e talvez também apresente alguma relação com os órgãos sexuais. Contudo, cabe considerar que o estudo dos órgãos internos do corpo humano era extremamente dificultado naquela época, pois a dissecação de mortos era vista como profanação de cadáveres e severamente punida. Assim, é realmente questionável se Leonardo, que afinal dispunha apenas de um material de dissecação bastante reduzido, sabia mesmo alguma coisa sobre a existência de um reservatório de linfa na cavidade abdominal, embora sem dúvida tivesse representado em seu desenho um espaço oco que cabe interpretar dessa maneira. Porém, o fato de desenhar o canal lactífero descendo ainda mais fundo, até os órgãos sexuais internos, permite supor que ele tentou representar a coincidência temporal entre o início da secreção do leite e o fim da gravidez também por meio de conexões anatômicas manifestas. Mesmo que de bom grado queiramos desculpar os conhecimentos anatômicos deficientes do artista em função das circunstâncias de sua época, é contudo chamativo que Leonardo tenha tratado de maneira tão negligente precisamente os genitais femininos. Podemos por certo reconhecer a vagina e uma alusão a *portio uteri* [colo do útero], mas o útero propriamente dito está desenhado com linhas bastante difusas.

"O genital masculino, ao contrário, foi representado de modo muito mais correto. Assim, por exemplo, Leonardo não se contentou em desenhar o testículo, mas também incluiu o epidídimo de modo bastante acertado no esboço.

"Extremamente curiosa é a posição em que Leonardo representa o coito. Há quadros e desenhos de artistas eminentes que (cont.)

Quando ainda morava como aprendiz na casa de seu mestre Verrocchio, ele foi denunciado, junto com outros

(cont.) representam o *coitus a tergo, a latere* [coito por trás, de lado] etc., mas no desenho de um ato sexual em pé se pode supor um recalcamento sexual especialmente forte como causa dessa representação solitária, quase grotesca. Quando se quer desfrutar algo, costuma-se tornar as coisas tão confortáveis quanto possível. Isso vale naturalmente para os dois impulsos fundamentais, a fome e o amor. A maioria dos povos da Antiguidade adotava uma posição jacente durante as refeições, e, no caso do coito, as pessoas normalmente se deitam hoje em dia de modo tão confortável quanto nossos antepassados. O deitar-se exprime de certo modo a vontade de permanecer um tempo mais longo na situação desejada.

"Os traços faciais da cabeça masculina feminil também mostram uma repulsa verdadeiramente contrariada. As sobrancelhas estão franzidas, o olhar está voltado para o lado com uma expressão de receio, os lábios estão contraídos e suas comissuras puxadas para baixo. Esse rosto realmente não permite reconhecer o prazer de dar amor nem a bem-aventurança da entrega; exprime apenas contrariedade e repulsa.

"Mas o ato falho mais grosseiro foi cometido por Leonardo no desenho das duas extremidades inferiores. É que o pé do homem deveria ser o direito; pois, visto que Leonardo representou o ato da procriação na forma de um corte anatômico sagital, o pé esquerdo do homem deveria ser imaginado acima da superfície da imagem, e, inversamente, pela mesma razão, o pé feminino deveria pertencer ao lado esquerdo. Mas, de fato, Leonardo confundiu masculino e feminino. A figura do homem tem um pé esquerdo, e a da mulher, um pé direito. Em relação a essa troca, é facílimo orientar-se quando se pensa que os dedões pertencem à parte interna do pé.

"Desse único desenho anatômico se poderia deduzir o recalcamento libidinal quase desconcertante do grande artista e pesquisador." (cont.)

jovens, por manter relações homossexuais proibidas, caso que terminou com sua absolvição. Parece ter se tornado suspeito disso por servir-se de um rapaz mal-afamado como modelo.[21] Uma vez mestre, cercou-se de belos meninos e adolescentes, que tomava como discípulos. O último desses discípulos, Francesco Melzi, acompanhou-o à França, ficou com ele até sua morte e foi nomeado seu herdeiro. Sem partilhar a certeza de seus biógrafos modernos, que naturalmente repudiam a possibilidade de relações sexuais entre ele e seus discípulos como um insulto infundado ao grande homem, pode-se considerar muito

(cont.) [Acréscimo de Freud em 1923] Essa exposição de Reitler recebeu no entanto a crítica de que não é admissível tirar conclusões tão sérias de um desenho superficial e de que nem sequer é certo que as partes do desenho realmente se relacionem.

[O desenho anatômico aqui reproduzido, que foi analisado por Reitler e por ele considerado (e, consequentemente, também por Freud) como um original de Leonardo, é na verdade, como foi demonstrado nesse meio-tempo, uma reprodução de uma litografia de Wehrt, publicada em 1830 como cópia de uma gravura em cobre de Bartolozzi, por sua vez publicada em 1812. Foi Bartolozzi quem adicionou os pés, que Leonardo omitira, e foi Wehrt quem adicionou a expressão carrancuda ao rosto do homem. O desenho original de Leonardo, que se acha no castelo de Windsor (*Quaderni d'Anatomia*, III folio, 3 v.), mostra o rosto com uma expressão calma e neutra. N.E.]

21. Segundo Scognamiglio, 1900, p. 49, refere-se a esse incidente uma passagem do Codex Atlanticus, obscura e inclusive lida de diferentes maneiras: "*Quando io feci Domeneddio putto voi mi metteste in prigione, ora s'io lo fo grande, voimi farete peggio*" [Quando fiz o Senhor Deus menino, metestes-me na prisão; agora que o faço grande, me fareis pior (N.E.)].

mais provável que as ternas relações de Leonardo com os jovens que, segundo o feitio dos alunos de então, tomavam parte de sua vida não desembocavam em práticas sexuais. Tampouco se poderia atribuir-lhe um nível muito elevado de atividade sexual.

A peculiaridade dessa vida emocional e sexual se deixa apreender de uma só maneira em conexão com a dupla natureza de Leonardo como artista e pesquisador. Dos biógrafos, que frequentemente se encontram muito distantes de pontos de vista psicológicos, apenas um, pelo que sei, E. Solmi, se aproximou da solução do enigma; mas um escritor, que escolheu Leonardo como herói de um grande romance histórico, Dmitry Sergewitsch Mereschkowski, fundamentou seu retrato em tal compreensão desse homem incomum, manifestando de maneira indiscutível sua concepção, embora não com palavras secas, mas, à maneira dos poetas, numa expressão plástica.[22] Solmi julga acerca de Leonardo: "Porém, o desejo insaciável de conhecer tudo o que o cercava e, com fria superioridade, descobrir o mais profundo segredo de todas as coisas perfeitas, condenou as obras de Leonardo a permanecerem constantemente inacabadas".[23] Num ensaio das *Conferenze Fiorentine*, cita-se a declaração de Leonardo que fornece sua profissão de fé e a chave de sua índole:

---

22. Mereschkowski: *Leonardo da Vinci* (tradução alemã, 1903). É a peça central de uma grande trilogia de romances intitulada *Cristo e Anticristo*. Os outros dois volumes se chamam *Juliano apóstata* e *Pedro, o Grande, e Alexei.*
23. Solmi, 1908, p. 46.

"*Nessuna cosa si può amare nè odiare, se prima non si ha cognition di quella.*"[24]

Isto é: não se tem direito de amar ou odiar alguma coisa quando não se obteve um conhecimento minucioso de sua natureza. E Leonardo repete o mesmo numa passagem do tratado sobre a pintura, em que parece defender-se da acusação de irreligiosidade:

"Tais críticos deveriam ficar calados. Pois aquele (agir) é o modo de conhecer o artífice de tantas coisas admiráveis, e esse é o caminho para amar a um tão grande inventor. Pois, em verdade, grande amor se origina de um grande conhecimento do objeto amado e, se o conheces pouco, só pouco ou nada poderás amá-lo [...]".[25]

O valor dessas declarações de Leonardo não pode ser buscado na circunstância de comunicarem um fato psicológico significativo, pois o que elas afirmam é manifestamente falso, e Leonardo devia sabê-lo tão bem como nós. Não é verdade que os seres humanos esperam com seu amor ou seu ódio até terem estudado e conhecido em sua natureza o objeto ao qual se referem esses afetos; antes, eles amam impulsivamente com base em motivos emocionais que nada têm a ver com conhecimento e cujo efeito é no máximo atenuado pela ponderação e pela reflexão. Assim, Leonardo só pode ter querido dizer que aquilo que os seres humanos praticam não é o amor adequado, impecável, que eles *deveriam* amar de um

24. Bottazzi, 1910, p. 193.

25. Leonardo da Vinci, *Tratado da pintura* (traduzido por Ludwig, 1909, p. 54).

modo que o afeto fosse contido, submetido ao trabalho do pensamento e só deixado à vontade depois de ter passado pela prova do pensamento. E com isso compreendemos que ele nos quer dizer que as coisas são assim com ele; seria desejável para todos os demais que lidassem com o amor e o ódio como ele próprio o fazia.

E parece que as coisas eram realmente assim com ele. Seus afetos estavam domados, submetidos ao impulso investigativo;[26] ele não amava nem odiava, mas se perguntava de onde vinha o que devia amar ou odiar, e o que significava, e, assim, tinha de parecer indiferente, de início, ao bem e ao mal, ao belo e ao feio. Durante esse trabalho de pesquisa, o amor e o ódio se despojavam de seus sinais de positivo ou negativo e se convertiam uniformemente em interesse intelectual. Na realidade, Leonardo não era destituído de paixões, não lhe faltava a centelha divina que, direta ou indiretamente, é a força impulsora – *il primo motore* – de todo o agir humano. Ele apenas transformara a paixão em ímpeto de saber; dedicava-se à investigação com aquela perseverança, aquela constância e aquele aprofundamento que se derivam da paixão, e, no auge do trabalho intelectual, depois de obtido o conhecimento, ele deixa irromper o afeto longamente retido, deixa-o fluir livremente qual um braço de rio, derivado da corrente, depois de impulsionar o moinho. No auge de um conhecimento, quando ele pode abranger uma grande parte do contexto, então o *páthos* o domina e ele

26. Em alemão, *Forschertrieb*. Em todas as ocorrências deste texto, *Trieb* é sempre traduzido por "impulso". (N.T.)

louva em termos entusiásticos a grandeza daquela parte da criação que estudou, ou – em estilo religioso – a grandeza de seu criador. Solmi apreendeu corretamente esse processo de transformação em Leonardo. Após a citação de uma dessas passagens, na qual Leonardo celebrou a sublime coerção da natureza ("*O mirabile necessità...*"), ele afirma: "*Tale trasfigurazione della scienza della natura in emozione, quasi direi, religiosa,* è *uno dei tratti caratteristici de' manoscritti vinciani, e si trova cento e cento volte espressa* [...]".[27]

Devido a seu insaciável e incansável ímpeto investigativo, Leonardo foi chamado de Fausto italiano. Porém, sem levar em conta todas as objeções a uma possível retransformação do impulso investigativo em prazer de viver, que temos de admitir como o pressuposto da tragédia fáustica, poderíamos ousar observar que o desenvolvimento de Leonardo toca no modo de pensar espinosista.

As transposições da força impulsora psíquica em diferentes formas de atividade talvez sejam tão pouco convertíveis sem perdas quanto as das forças físicas. O exemplo de Leonardo ensina quantas outras coisas cabe observar nesses processos. O adiamento que consiste em só amar depois de conhecer se transforma num substituto. Não se ama e não se odeia mais devidamente quando se chega ao conhecimento; a pessoa permanece além do

27. Solmi, 1910, p. 11. [Tal transfiguração da ciência da natureza em emoção, quase direi, religiosa é um dos traços característicos dos manuscritos vincianos e se acha expressa centenas e centenas de vezes. (N.E.)]

amor e do ódio. Investigou em vez de amar. E talvez por isso a vida de Leonardo tenha sido muito mais pobre em amor do que a de outros grandes homens e artistas. As tempestuosas paixões de natureza exaltadora e devoradora, nas quais outros viveram o seu melhor, parecem não tê-lo atingido.

E há outras consequências. A pessoa também investigou em vez de agir, de criar. Quem começou a vislumbrar a grandeza da concatenação do mundo e dos aspectos necessários dele perde facilmente o seu próprio e pequeno eu. Absorto em admiração, tornado realmente humilde, esquece-se demasiado facilmente que também se é uma parte dessas forças atuantes e que se pode tentar, segundo a medida de sua força pessoal, mudar um pedacinho desse transcurso necessário do mundo, desse mundo em que o pequeno não é contudo menos maravilhoso e significativo do que o grande.

Leonardo talvez tenha começado a pesquisar, segundo opina Solmi, a serviço de sua arte;[28] empenhou-se por descobrir as propriedades e leis da luz, das cores, das sombras e da perspectiva para assegurar a mestria na imitação da natureza e indicar a outros o mesmo caminho. É provável que já então superestimasse o valor

---

28. Solmi, 1910, p. 8: "*Leonardo aveva posto, come regola al pittore, lo studio della natura [...], poi la passione dello studio era divenuta dominante, egli aveva voluto acquistare non più la scienza per l'arte, ma la scienza per la scienza*" [Leonardo estabelecera como regra para o pintor o estudo da natureza (...), depois, a paixão pelo estudo tornando-se dominante, queria conquistar não tanto a ciência pela arte, mas a ciência pela ciência (N.E.)].

desses conhecimentos para o artista. Em seguida, ainda conduzido pela necessidade pictórica, foi levado a investigar os objetos da pintura, os animais e as plantas, as proporções do corpo humano, partindo de seu exterior e chegando ao conhecimento de sua estrutura interna e de suas funções vitais, que afinal também se expressam em sua aparência e exigem ser representadas pela arte. E, por fim, arrebatou-o esse impulso tornado preponderante, até romper-se a ligação com as exigências de sua arte, de maneira que ele descobriu as leis gerais da mecânica, deduziu a história das sedimentações e petrificações no vale do Arno, e até poder registrar em seu caderno, com grandes caracteres, este conhecimento: "*Il sole non si move*".[29] Ele expandiu suas investigações a praticamente todos os ramos da ciência da natureza, tornando-se um descobridor em cada um deles, ou, pelo menos, um pressagiador e desbravador.[30] Contudo, seu ímpeto de saber permaneceu dirigido ao mundo exterior, algo o manteve afastado da investigação da vida anímica do homem; na "Academia Vinciana", para a qual desenhou emblemas engenhosamente entrelaçados, havia pouco espaço para a psicologia.

Ao tentar então voltar da pesquisa para o exercício da arte, do qual partira, percebeu em si a perturbação

29. "O Sol não se move." *Quaderni d'Anatomia*, 1-6, Royal Library, Windsor, V, 25. (N.E.)

30. Ver a lista de suas realizações científicas na bela introdução biográfica de Marie Herzfeld (1906), em cada um dos ensaios das *Conferenze Fiorentine* (1910) etc.

causada pela nova orientação de seus interesses e pela natureza modificada de seu trabalho psíquico. Num quadro, interessava-lhe sobretudo um problema, e por trás dele via surgir inúmeros outros, tal como estava acostumado na infinita e interminável investigação da natureza. Ele não conseguia mais restringir sua própria exigência, isolar a obra de arte, arrancá-la do grande contexto ao qual a sabia pertencente. Após os mais extenuantes esforços por expressar nela tudo o que em seus pensamentos a ela se ligava, tinha de abandoná-la inacabada ou declará-la imperfeita.

De início, o artista tomara o pesquisador a seu serviço como auxiliar; agora, o serviçal se tornara o mais forte e oprimia seu amo.

Se na descrição do caráter de uma pessoa encontramos um único impulso sobremaneira desenvolvido, tal como a sede de saber em Leonardo, recorremos a uma disposição especial para explicá-lo, sobre cujo provável condicionamento orgânico na maioria das vezes ainda não se conhece maiores detalhes. No entanto, graças a nossos estudos psicanalíticos de neuróticos, inclinamo--nos a duas outras expectativas, que gostaríamos de ver confirmadas em cada caso particular. Consideramos provável que esse impulso extremamente forte já estivesse ativo na mais remota infância da pessoa e que seu predomínio tenha sido estabelecido por impressões da vida infantil, supondo, além disso, que ele recorreu a forças impulsoras originalmente sexuais para seu reforço, de maneira que mais tarde ele pode fazer as vezes de uma parte da vida sexual. Tal pessoa, portanto, faria pesquisas, por exemplo, com aquela entrega passional com que uma outra dota seu amor, e poderia pesquisar em vez de amar. Não apenas no caso do impulso investigativo, mas também na maioria dos outros casos de intensidade especial de um impulso, ousaríamos inferir um reforço sexual.

A observação da vida cotidiana das pessoas nos mostra que a maioria é bem-sucedida em dirigir à atividade profissional parcelas bastante consideráveis de suas forças impulsoras sexuais. O impulso sexual é especialmente apto para conceder tais contribuições, visto que é dotado da capacidade da sublimação, quer dizer, é capaz de trocar sua meta imediata por outras metas eventualmente mais valorizadas e não sexuais. Consideramos demonstrado esse processo quando a história de infância, ou seja, a história do desenvolvimento psíquico de uma pessoa, mostra que no período infantil o impulso preponderante se achava a serviço de interesses sexuais. Encontramos uma confirmação adicional quando na vida sexual dos anos maduros se manifesta uma chamativa atrofia, como se uma parte da atividade sexual fosse agora substituída pela atividade do impulso preponderante.

A aplicação dessas expectativas ao caso do impulso investigativo preponderante parece sujeita a dificuldades especiais, visto que precisamente às crianças não se atribuiria nem esse impulso sério, nem interesses sexuais dignos de nota. Entretanto, é fácil eliminar essas dificuldades. Dá testemunho da sede de saber das crianças pequenas seu incansável gosto por perguntar, enigmático para o adulto enquanto não compreende que essas perguntas todas são apenas rodeios e que não podem ter fim porque a criança quer com elas substituir apenas uma pergunta, que, no entanto, não faz. Uma vez que a criança se torna maior e mais sensata, essa expressão da sede de saber com frequência se interrompe de súbito. Mas a investigação psicanalítica nos dá uma explicação completa ao nos ensinar que muitas crianças, talvez a maioria, de todo modo as mais bem dotadas passam a partir do terceiro ano de vida, mais ou menos, por um período que se pode chamar de *investigação sexual infantil*. Até onde sabemos, a sede de saber não surge espontaneamente nas crianças dessa idade, mas é despertada pela impressão de uma vivência importante, pelo nascimento de um irmãozinho, já ocorrido ou, de acordo com experiências vindas de fora, temido, nascimento em que a criança enxerga uma ameaça a seus interesses egoístas. A investigação se dirige à pergunta sobre a origem das crianças, como se ela buscasse por meios e caminhos para evitar um acontecimento tão indesejado. Assim, ficamos sabendo com assombro que a criança se recusa a acreditar nas informações que lhe são dadas – por exemplo, rejeita energicamente a fábula da cegonha, mitologicamente tão rica de sentidos –, data sua independência intelectual a partir desse ato de descrença, muitas vezes se sente em séria oposição aos adultos e propriamente jamais os perdoa por ter sido enganada quanto a isso. Ela pesquisa por caminhos próprios, deduz a estada da criança no ventre materno e forma, guiada pelas moções da própria sexualidade, concepções sobre a origem da criança a partir da comida, sobre seu nascimento pelo intestino, sobre o papel do pai, difícil de sondar, e já então suspeita da existência do ato sexual, que lhe parece algo hostil e violento. Mas, como sua própria constituição sexual ainda não se encontra à altura da tarefa da geração de crianças, sua investigação sobre a origem delas não dará em nada e será deixada de lado por não ser possível completá-la. A impressão desse fracasso no primeiro teste de independência intelectual parece ser duradoura e profundamente deprimente.[31]

Quando o período da investigação sexual infantil é encerrado por um surto de enérgico recalcamento sexual, resultam para o posterior destino do impulso investigativo três diferentes possibilidades a partir de sua ligação prematura com interesses sexuais. Ou a investigação partilha o destino da sexualidade, a sede de saber ficando a partir de então inibida e a livre atividade da inteligência restringida talvez por toda a vida, em especial porque pouco tempo depois, mediante a educação, passa a valer a poderosa inibição do pensamento imposta pela religião. Esse é o tipo da inibição neurótica. Compreendemos muito bem que a debilidade de pensamento assim adquirida

31. Para corroborar essas afirmações que soam inverossímeis, recomendo a leitura da "Análise da fobia de um menino de cinco anos" (1909 *b*) e observações semelhantes. No ensaio "Sobre as teorias sexuais infantis" (1908 *c*), escrevi: "Mas esse ruminar e duvidar se torna um modelo para todo o posterior trabalho de pensamento em torno de problemas, e o primeiro fracasso continua atuando de maneira paralisante para sempre".

favorece ativamente a irrupção de um adoecimento neurótico. Num segundo tipo, o desenvolvimento intelectual é vigoroso o bastante para resistir ao recalcamento sexual que o ataca. Algum tempo após o declínio da investigação sexual infantil, uma vez robustecida a inteligência, esta, graças à antiga ligação, oferece sua ajuda para contornar o recalcamento sexual e a investigação sexual reprimida retorna do inconsciente sob a forma de compulsão a ruminar, de fato desfigurada e sem liberdade, mas poderosa o suficiente para sexualizar o próprio pensamento e marcar as operações intelectuais com o prazer e a angústia dos autênticos processos sexuais. Nesse caso, a pesquisa se transforma em atividade sexual e, com frequência, na única atividade, e o sentimento de resolver coisas em pensamento, do esclarecimento, é colocado no lugar da satisfação sexual; no entanto, o caráter interminável da investigação infantil também se repete no fato de esse ruminar jamais ter um fim e de o buscado sentimento intelectual de resolução se tornar cada vez mais remoto.

O terceiro tipo, mais raro e mais acabado, escapa, à força de uma predisposição especial, tanto da inibição do pensamento quanto da compulsão neurótica a pensar. É verdade que também aqui ocorre o recalcamento sexual, mas este não consegue mandar para o inconsciente um impulso parcial do prazer sexual, e a libido escapa ao destino do recalcamento ao sublimar-se desde o início em sede de saber e juntar-se ao vigoroso impulso investigativo como reforço. Também nesse caso a pesquisa se transforma de certo modo em compulsão e em substituto da atividade sexual, mas, em decorrência da completa diferença dos processos psíquicos subjacentes (sublimação em lugar de irrupção vinda do inconsciente), falta o caráter de neurose, não ocorre a ligação com os complexos originais da investigação sexual infantil e o impulso pode atuar livremente a serviço do interesse intelectual. Esse impulso ainda leva em conta o recalcamento sexual, que o tornou tão forte graças ao suplemento de libido sublimada, ao evitar a ocupação com temas sexuais.

Quando consideramos a coincidência entre o impulso investigativo preponderante em Leonardo e a atrofia de sua vida sexual, que se limita à chamada homossexualidade ideal, estaremos inclinados a reivindicá-lo como um caso modelar de nosso terceiro tipo. O fato de ter conseguido sublimar a maior parte de sua libido em ímpeto investigativo depois da atuação infantil da sede de saber a serviço dos interesses sexuais seria o cerne e o segredo de seu ser. No entanto, não é fácil apresentar a prova dessa concepção. Para tanto, precisaríamos conhecer o desenvolvimento psíquico dos primeiros anos de sua infância, e parece insensato esperar por semelhante material quando as notícias sobre sua vida são tão escassas e tão incertas e quando, além disso, se trata de informações sobre circunstâncias que mesmo em pessoas de nossa própria geração se esquivam à atenção dos observadores.

Sabemos muito pouco da juventude de Leonardo. Ele nasceu em 1452 na cidadezinha de Vinci, entre Florença e Empoli; era um filho ilegítimo, o que naquela época certamente não era considerado uma grave mácula para o cidadão; seu pai foi Ser Piero da Vinci, um notário descendente de uma família de notários e agricultores cujo nome é derivado da localidade de Vinci; sua mãe foi uma certa Caterina, provavelmente uma jovem camponesa que mais tarde se casou com outro morador de Vinci. Essa mãe não aparece mais na história de vida de Leonardo, apenas o escritor Mereschkowski acredita poder indicar seus vestígios. A única informação segura sobre a infância de Leonardo é dada por um documento oficial de 1457, um cadastro florentino de impostos em que, dentre os membros da casa Vinci, Leonardo é citado como filho ilegítimo de cinco anos de Ser Piero.[32] O casamento de Ser Piero com uma certa Donna Albiera não resultou em filhos, e por isso o pequeno Leonardo pôde ser criado na casa do pai. Só deixou essa casa paterna quando, não se sabe em que idade, entrou como aprendiz no ateliê de Andrea del Verrocchio. Em 1472, o nome de Leonardo já se encontra na lista dos membros da Compagnia dei Pittori. Isso é tudo.

32. Scognamiglio, 1900, p. 15.

Capítulo II

Uma única vez, até onde sei, Leonardo inseriu uma informação da infância em suas anotações científicas. Numa passagem que trata do voo do abutre, ele se interrompe subitamente para seguir uma lembrança que emerge de anos bastante remotos.

"Parece que já fui predestinado a me ocupar com tamanha profundidade do abutre, pois me vem à mente, como uma de minhas primeiras lembranças, quando ainda estava no berço, que um abutre desceu até mim, abriu minha boca com sua cauda e bateu muitas vezes com essa sua cauda contra meus lábios."[1]

Uma recordação de infância, portanto, e de um tipo extremamente estranho. Estranho devido a seu conteúdo e devido ao momento da vida em que é situada. Talvez não seja impossível que uma pessoa conserve uma recor-

---

1. "*Questo scriver si distintamente del nibio par che sia mio destino, perchè nella mia prima ricordatione della mia infantia e' mi parea che, essendo io in culla, che un nibio venissi a me e mi aprissi la bocca colla sua coda e molte volte mi percuotesse con tal coda dentro alle labbra.*" [Parece que era meu destino escrever de maneira tão aprofundada sobre o milhafre, pois em minha primeira recordação de infância me pareceu que, estando eu no berço, um milhafre veio até mim e me abriu a boca com sua cauda e me bateu muitas vezes com tal cauda dentro dos lábios. (N.T.)] (*Codex atlanticus*, F. 65 V., segundo Scognamiglio, 1900, p. 22.)

dação da época de bebê, mas de forma alguma isso pode ser dado como certo. Contudo, o que essa recordação de Leonardo sustenta – que um abutre abriu a boca da criança com sua cauda – soa tão improvável, tão fabuloso que uma outra concepção, que elimina as duas dificuldades de um só golpe, é mais bem-vinda ao nosso juízo. Essa cena com o abutre não seria uma recordação de Leonardo, e sim uma fantasia que ele formou mais tarde e transpôs para sua infância.[2] As recordações de infância dos seres humanos muitas vezes não têm outra origem; elas não são de forma alguma, como as recordações conscientes da época de maturidade, fixadas e repetidas a partir do

---

2. [Nota acrescentada em 1919] Numa amável resenha deste texto, Havelock Ellis (1910) objetou contra a concepção acima que essa recordação de Leonardo pode muito bem ter tido uma fundamentação real, visto que as recordações de infância frequentemente têm sua origem num momento muito mais remoto do que se costuma acreditar. E a grande ave não precisaria ter sido justamente um abutre. Admito isso de bom grado e acrescento, para diminuir a dificuldade, que a mãe pode ter observado a visita da grande ave ao filho, a qual facilmente pode ter considerado um importante presságio, e mais tarde ter-lhe contado repetidamente a respeito, de modo que a criança conservou a recordação desse relato e mais tarde, como tantas vezes acontece, pôde confundi-la com uma recordação de uma vivência própria. Só que essa modificação não prejudica a solidez de minha exposição. As fantasias das pessoas sobre sua infância, criadas tardiamente, via de regra inclusive se apoiam em pequenas realidades dessa pré-história sob outros aspectos esquecida. No entanto, requer-se por isso um motivo secreto para trazer à tona essa insignificância real e desenvolvê-la dessa maneira, tal como faz Leonardo com a ave definida como abutre e seu notável proceder.

momento da experiência, mas apenas trazidas à tona num momento posterior, quando a infância já passou, e, nesse processo, são modificadas, falsificadas e colocadas a serviço de tendências posteriores, de forma que, de um modo bastante geral, não podem ser estritamente separadas das fantasias. Talvez não seja possível esclarecer melhor sua natureza senão ao pensar sobre como surgiu a historiografia nos povos antigos. Enquanto esse povo era pequeno e fraco, não pensava em escrever sua história; as pessoas cultivavam o solo do país, defendiam sua existência contra os vizinhos, buscavam tirar as terras deles e enriquecer. Era uma época heroica e a-histórica. Então começou uma outra época, em que as pessoas começaram a se dar conta das coisas, sentiram-se ricas e poderosas, surgindo então a necessidade de saber de onde vieram e como se tornaram o que são. A historiografia, que começava a registrar continuamente as experiências do presente, também lançou o olhar para trás, ao passado, colecionou tradições e lendas, interpretou os resquícios do passado em usos e costumes e, assim, criou uma história dos tempos primevos. Era inevitável que essa pré-história se tornasse mais uma expressão das opiniões e dos desejos do presente do que um retrato do passado, pois muitas coisas haviam sido eliminadas da memória do povo, outras foram desfiguradas, alguns traços do passado foram equivocadamente interpretados no espírito do presente e, além disso, afinal, não se escrevia história motivado por uma sede objetiva de saber, mas porque se queria atuar sobre seus contemporâneos, animá-los, edificá-los ou colocar um espelho diante deles. A memória consciente de uma pessoa a respeito das vivências de sua época madura pode ser perfeitamente comparada àquela historiografia, e suas recordações de infância correspondem realmente, quanto a sua origem e confiabilidade, à história dos primeiros tempos de um povo, elaborada tardia e tendenciosamente.

Se, portanto, a narrativa de Leonardo sobre o abutre que o visitou no berço é apenas uma fantasia nascida tardiamente, é de se pensar que dificilmente valeria a pena demorar-se mais tempo nela. Para sua explicação, poderíamos, afinal, contentar-nos com a tendência abertamente expressa de dar a sua ocupação com o problema do voo das aves a bênção de uma determinação do destino. Só que com esse menosprezo se cometeria uma injustiça semelhante à de repudiar levianamente o material de lendas, tradições e interpretações da pré-história de um povo. A despeito de todas as distorções e de todos os mal-entendidos, elas representam a realidade do passado; elas são o que o povo criou a partir das vivências de sua pré-história sob o domínio de motivos outrora poderosos e ainda hoje ativos, e, caso se pudesse anular essas distorções graças ao conhecimento de todas as forças atuantes, seria possível descobrir a verdade histórica por trás desse material lendário. Vale o mesmo para as recordações de infância ou para as fantasias dos indivíduos. Não é indiferente o que uma pessoa acredita lembrar de sua infância; via de regra, por trás dos restos mnêmicos que ela própria não compreende, estão escondidos testemunhos inestimáveis dos traços mais significativos de seu desenvolvimento psíquico.[3] Visto que agora, com as técnicas psicanalíticas, temos excelentes recursos para trazer à luz essas coisas ocultas, será possível tentar preencher a lacuna na história de vida de

---

3. [Nota acrescentada em 1919] Desde então, também tentei fazer semelhante aproveitamento de uma recordação de infância incompreendida de outro grande homem. Na autobiografia de Goethe (*Poesia e verdade*), redigida por volta de seus sessenta anos, relata-se nas primeiras páginas como ele, por incitação dos vizinhos, jogou à rua, pela janela, louças de barro grandes e pequenas, que ficaram despedaçadas, sendo que esta é a única cena que ele relata de seus primeiros anos. A completa desconexão de seu conteúdo, a coincidência com recordações de infância de algumas outras pessoas que não se tornaram nada especialmente grande, bem como a circunstância de Goethe não se lembrar nesse trecho do irmãozinho, que nasceu quando ele contava três anos e nove meses e morreu quando ele tinha quase dez, levaram-me a fazer a análise dessa recordação de infância. (Ele menciona essa criança mais tarde, no entanto, ao deter-se nos muitos adoecimentos dos anos de infância.) Com isso, eu esperava poder substituir essa cena por alguma outra coisa que se encaixasse melhor no contexto da exposição goethiana e que, por seu conteúdo, fosse digna tanto de conservação como do lugar que lhe foi indicado na história de vida. A pequena análise ("Uma recordação de infância de *Poesia e verdade*", 1917 b) permitiu então reconhecer o ato de jogar a louça fora como uma ação mágica dirigida contra um intruso incômodo, e, no trecho em que o ocorrido foi relatado, significaria o triunfo de que um segundo filho não pôde perturbar por muito tempo a estreita relação de Goethe com a mãe. O que haveria de espantoso no fato de a mais precoce recordação de infância, conservada com tais disfarces – tanto em Goethe como em Leonardo –, referir-se à mãe?

Leonardo mediante a análise de sua fantasia de infância. Se nisso não alcançarmos um grau satisfatório de certeza, teremos de nos consolar com o fato de tantas outras investigações sobre o grande e enigmático homem não terem tido melhor destino.

Porém, se observarmos com os olhos do psicanalista a fantasia de Leonardo com o abutre, ela não nos parece estranha por muito tempo; acreditamos recordar-nos que muitas vezes, por exemplo em sonhos, encontramos coisas parecidas, de modo que podemos nos atrever a traduzir essa fantasia de sua língua peculiar para palavras que todos compreendam. A tradução, então, aponta para o âmbito erótico. A cauda, *coda*, é um dos símbolos e nomes substitutivos mais conhecidos do membro masculino, não menos em italiano do que em outras línguas; a situação contida na fantasia, de que um abutre abra a boca da criança e enfie nela a cauda muitas vezes, corresponde à figuração de uma felação, de um ato sexual em que o membro é colocado na boca da pessoa utilizada. É bastante estranho que essa fantasia apresente um caráter passivo tão completo; ela também se assemelha a certos sonhos e fantasias de mulheres ou de homossexuais passivos (que representam o papel feminino na relação sexual).

Possa o leitor dominar-se e não recusar-se com indignação inflamada a seguir a psicanálise por esta levar, já em suas primeiras aplicações, a uma difamação imperdoável da memória de um homem grande e puro. É evidente que essa indignação jamais poderá nos dizer o que significa a fantasia infantil de Leonardo; por outro lado, Leonardo reconheceu essa fantasia da maneira mais inequívoca, e não abandonamos a expectativa – caso se queira: o preconceito – de que tal fantasia, como qualquer criação psíquica – como um sonho, uma visão ou um delírio –, tenha algum significado. Por isso, ouçamos imparcialmente por um momento o trabalho analítico, que afinal ainda não deu sua última palavra.

A inclinação a tomar o membro do homem na boca para chupá-lo, que na sociedade conservadora é incluída entre as repelentes perversões sexuais, não obstante ocorre com bastante frequência entre as mulheres de nossa época – e, como provam esculturas antigas, também de épocas mais remotas – e, no estado de apaixonamento, parece perder por inteiro seu caráter chocante. O médico encontra fantasias que se baseiam nessa inclinação também em mulheres que não chegaram a conhecer a possibilidade de semelhante satisfação sexual por meio da leitura da *Psychopathia sexualis* de Krafft-Ebing ou por meio de alguma outra informação. Parece ser fácil às mulheres criar tais fantasias de desejo por conta própria.[4] A investigação também nos ensina que essa situação tão severamente proscrita pela moral admite a mais inocente derivação. Não é outra coisa senão a reelaboração de uma outra situação em que no passado todos nos sentíamos confortáveis quando, na idade de lactentes ("*essendo io in culla*"),[5] tomávamos na boca o mamilo da mãe ou da

4. Ver a propósito o "Fragmento de uma análise de histeria", 1905 e.

5. "Estando eu no berço." (N.E.)

ama de leite para chupá-lo. A impressão orgânica desse nosso primeiro prazer vital por certo ficou gravada de maneira indestrutível; quando, mais tarde, a criança conhece o úbere da vaca, que, segundo sua função, equivale a um mamilo, mas, pela forma e posição no baixo-ventre, equivale a um pênis, atingiu o estágio preliminar para a formação posterior daquela chocante fantasia sexual.

Agora compreendemos por que Leonardo transpõe a recordação da suposta vivência com o abutre para sua época de lactente. Por trás dessa fantasia não se oculta outra coisa senão uma reminiscência de chupar o seio materno – ou de ser por ele amamentado –, uma cena humanamente bela que ele, como tantos outros artistas, empreendeu representar com o pincel ao pintar a mãe de Deus e seu filho. No entanto, também devemos conservar em mente o que ainda não compreendemos, o fato de essa reminiscência igualmente significativa para ambos os sexos ter sido reelaborada pelo homem Leonardo como uma fantasia homossexual passiva. Deixemos de lado por enquanto a questão de saber que nexo pode ligar a homossexualidade com o ato de chupar o seio materno, e apenas nos recordemos que a tradição realmente caracteriza Leonardo como alguém de sensibilidade homossexual. Nisso, é indiferente para nós se aquela acusação contra o jovem Leonardo justificava-se ou não; não é a atividade real, e sim a orientação do sentimento que, para nós, decide se devemos atribuir a alguém a peculiaridade da inversão.

Outro traço incompreendido da fantasia infantil de Leonardo requer nosso interesse antes de tudo. Interpretamos a fantasia com relação ao ato de ser amamentado pela mãe, e vemos a mãe substituída por um... abutre. De onde provém esse abutre e como ocupa esse lugar?

Oferece-se aí uma ideia tão remota que se estaria tentado a desistir dela. Na pictografia sagrada dos antigos egípcios, a mãe é de fato representada com a imagem do abutre.[6] Esses egípcios também veneravam uma divindade materna representada com cabeça de abutre ou com várias cabeças, das quais pelo menos uma era de abutre.[7] O nome dessa deusa se pronunciava *Mut*; será mera coincidência a semelhança sonora com nossa palavra *Mutter* [mãe]?[8] Sendo assim, o abutre realmente se relaciona com a mãe, mas como isso pode nos ajudar? Devemos atribuir esse conhecimento a Leonardo quando só François Champollion (1790-1832) conseguiu ler os hieróglifos?[9]

Seria interessante saber por que caminhos afinal os antigos egípcios chegaram a escolher o abutre como símbolo da maternidade. A religião e a cultura dos egípcios já eram objeto da curiosidade científica dos gregos e dos romanos e, muito antes que nós próprios pudéssemos ler os monumentos do Egito, tínhamos à disposição algumas notícias a respeito em escritos conservados da Antiguidade clássica, escritos que em parte provêm de autores conhe-

6. Horapollo, *Hieroglyphica* 1, 11. Μητέρα δὲράφοντες [...] γῦπα ζωγραφοῦσιν [para indicar uma mãe (...) eles traçam um abutre (N.E.)].

7. Roscher, 1894-1897; Lanzone, 1882.

8. Freud não menciona uma semelhança ainda mais chamativa, mas igualmente casual: em alemão, *Mut* significa "ânimo", "coragem", "intrepidez". (N.T.)

9. H. Hartleben, 1906.

cidos, como Estrabão, Plutarco e Amiano Marcelino, em parte ostentam nomes desconhecidos e são de origem e época de redação incertas, como os *Hieroglyphica* de Horapollo Nilus e o livro da sabedoria oriental dos sacerdotes legado sob o nome do deus Hermes Trismegisto. Dessas fontes, ficamos sabendo que o abutre era considerado símbolo da maternidade porque se acreditava que havia apenas abutres fêmeas e nenhum macho dessa espécie de ave.[10] A história natural dos antigos também conhecia uma contraparte a essa restrição; entre os escaravelhos, os besouros venerados como divinos pelos egípcios, haveria apenas machos, acreditavam eles.[11]

Mas como ocorreria a fecundação dos abutres, se todos eram fêmeas? Uma passagem de Horapollo[12] dá

10. "γῦπα δὲ ἄρρενα οὔ φασι γινέσθαι ποτε, ἀλλὰ θηλείας ἁπάσας" [diz-se que não existem abutres machos, mas que todos seriam fêmeas. Eliano, *De natura animalium*, II, 46]; citado por Von Römer, 1903, p. 732.

11. Plutarco: *Veluti scarabaeos mares tantum esse putarunt Aegyptii sic inter vultures mares non inveniri statuerunt.* ["Tal como acreditavam que só havia escaravelhos machos, assim os egípcios também achavam que não existiam abutres machos." Freud atribuiu essa frase erroneamente a Plutarco; na realidade, trata-se de um comentário de Leemans (1835, p. 171) a Horapollo. (N.E.)]

12. *Horapollinis Niloi Hieroglyphica*, edidit Conradus Leemans, 1835. As palavras referentes ao sexo dos abutres são estas (p. 14): μητέρα μέν ἐπειδὴ ἄρρεν ἐν τούτῳ τῷ γένει τῶν ζώων οὐχ ὑπάρχει. ["(Eles usam a imagem do abutre para indicar) uma mãe, porque nesses seres vivos não há forma masculina." A citação parece equivocada, visto que a frase do texto de Freud trata do mito da fecundação dos abutres pelo vento. (N.E.)]

um bom esclarecimento. Em certa época, elas se detêm durante o voo, abrem suas vaginas e concebem a partir do vento.

Inesperadamente, passamos a considerar agora bastante provável algo que ainda há pouco tínhamos de rejeitar como absurdo. Leonardo pode muito bem ter conhecido a historieta científica que remonta ao abutre o fato de os egípcios escreverem com sua imagem o conceito de mãe. Ele era alguém que lia muito e cujos interesses abrangiam todos os campos da literatura e do conhecimento. No *Codex atlanticus* temos uma lista de todos os livros que ele possuía em certo momento,[13] além de inúmeras anotações sobre outros livros que tomara emprestado de amigos, e, pelos excertos que Richter[14] reuniu a partir de suas anotações, dificilmente poderemos superestimar o alcance de suas leituras. Nesse número, tampouco faltam obras de ciências da natureza, tanto antigas quanto contemporâneas. Todos esses livros já estavam disponíveis nessa época sob forma impressa, e justamente Milão era o principal centro italiano da jovem arte da impressão.

Se agora prosseguirmos, encontraremos uma notícia que pode elevar à categoria de certeza a probabilidade de que Leonardo conheceu a historieta do abutre. O erudito editor e comentador de Horapollo observa a propósito do texto já citado (Leemans, 1835, p. 172): "*Caeterum hanc fabulam de vulturibus cupide amplexi sunt Patres Ecclesiastici, ut ita argumento ex rerum natura*

13. E. Müntz, 1899, p. 282.

14. Müntz, *loc. cit.*

petito refutarent eos, qui Virginis partum negabant; itaque apud omnes fere hujus rei mentio occurrit".[15]

Ou seja, a fábula da unissexualidade e da concepção dos abutres não permaneceu de forma alguma uma anedota indiferente, como a análoga dos escaravelhos; os padres da Igreja tinham se apoderado dela para dispor de um argumento extraído da história natural contra os que duvidavam da história sagrada. Se, conforme as melhores fontes da Antiguidade, os abutres eram fecundados pelo vento, por que o mesmo também não poderia ter acontecido uma vez com uma fêmea humana? Graças a essa aproveitabilidade, "quase todos" os padres da Igreja costumavam contar a fábula do abutre, de modo que dificilmente se poderá duvidar que, graças a um patrocínio tão poderoso, ela também tenha se tornado conhecida a Leonardo.

Podemos imaginar da seguinte maneira o surgimento da fantasia de Leonardo com o abutre. Ao ler certa vez em um padre da Igreja ou em um livro de ciência da natureza que os abutres são todos fêmeas e conseguem se reproduzir sem ajuda de machos, ocorreu-lhe uma recordação que se transformou naquela fantasia, mas que queria dizer que ele também fora um desses filhotes de abutre que tivera uma mãe, mas nenhum pai, e a isso se juntou, do único modo como impressões tão antigas conseguem se expressar, um eco do deleite que tivera ao seio materno. A

15. "Mas essa fábula sobre o abutre foi adotada com fervor pelos padres da Igreja para, mediante uma prova tirada da natureza, refutar aqueles que negavam o parto da Virgem; por isso, a argumentação se repete em quase todos eles." (N.E.)

alusão, feita pelos autores, à representação da virgem santa com o filho, cara a todos os artistas, deve ter contribuído para que essa fantasia lhe parecesse valiosa e significativa. Afinal, assim chegou a se identificar com o menino Jesus, o consolador e salvador não só dessa única mulher.

Quando decompomos uma fantasia infantil, aspiramos a separar seu conteúdo mnêmico real dos motivos posteriores que o modificam e deformam. No caso de Leonardo, acreditamos conhecer agora o conteúdo real da fantasia; a substituição da mãe pelo abutre aponta para o fato de o filho sentir falta do pai e achar-se sozinho com a mãe. O nascimento ilegítimo de Leonardo harmoniza-se com sua fantasia sobre o abutre; apenas por isso ele pôde se comparar a um filhote de abutre. Porém, ficamos sabendo que o próximo fato assegurado de sua juventude é ser contado entre os membros da casa do pai na idade de cinco anos; é-nos inteiramente desconhecido quando isso ocorreu, se poucos meses após seu nascimento, se poucas semanas antes da inclusão naquele cadastro. Entra aí a interpretação da fantasia com o abutre e nos ensina que Leonardo não passou os primeiros e decisivos anos de sua vida com seu pai e sua madrasta, e sim com a mãe verdadeira, pobre e abandonada, de modo que teve tempo de sentir falta do pai. Esse parece ser um resultado magro e ao mesmo tempo ainda ousado do esforço psicanalítico, porém, com maior aprofundamento, ganhará importância. A certeza ainda é auxiliada pela consideração das condições efetivas da infância de Leonardo. Conforme os relatos, seu pai, Ser Piero da Vinci, casou-se ainda no ano do nascimento de Leonardo com Donna Albiera, de origem nobre; à falta de filhos desse casamento o menino deveu seu acolhimento aos cinco anos, confirmado por documentos, na casa paterna, ou antes, do avô. Porém, não é usual deixar desde o início um rebento ilegítimo aos cuidados da jovem mulher que ainda conta ter filhos. É possível que tenham se passado anos de desilusão até se decidirem a tomar o filho ilegítimo, que provavelmente se desenvolvia de modo encantador, como ressarcimento pelos filhos legítimos em vão esperados. Harmoniza-se à perfeição com a interpretação da fantasia do abutre que pelo menos três, talvez cinco anos da vida de Leonardo tenham se passado antes que pudesse trocar sua solitária mãe por um casal de pais. Mas então já era tarde demais. Nos primeiros três ou quatro anos de vida fixam-se impressões e traça-se o caminho para formas de reação ao mundo externo que não podem mais ser privadas de seu significado por vivência posterior alguma.

Se estiver correto que as recordações de infância incompreensíveis de uma pessoa e as fantasias sobre elas edificadas sempre ressaltam o mais importante de seu desenvolvimento psíquico, então o fato de Leonardo ter passado seus primeiros anos de vida sozinho com a mãe, o que é corroborado pela fantasia com o abutre, deve ter tido a mais decisiva influência sobre a formação de sua vida interior. Entre os efeitos dessa constelação não pode ter faltado o fato de a criança, que em sua jovem vida encontrou um problema a mais do que as outras, começar a ruminar com paixão especial sobre esses enigmas e assim se tornar precocemente um investigador atormentado pelas grandes questões sobre a origem dos bebês e sobre a relação do pai com sua concepção. A suspeita do nexo entre sua investigação e sua história de infância arrancou-lhe mais tarde a exclamação de que por certo fora destinado desde sempre a se aprofundar no problema do voo das aves por ter sido visitado já no berço por um abutre. Derivar da investigação sexual infantil a sede de saber dirigida ao voo das aves será uma tarefa posterior, nada difícil de resolver.

Capítulo III

Na fantasia infantil de Leonardo, o elemento do abutre representou para nós o conteúdo mnêmico real; o contexto em que o próprio Leonardo colocou sua fantasia lançou uma luz viva sobre o significado desse conteúdo para sua vida posterior. Ao avançar com o trabalho interpretativo, topamos com o curioso problema de por que esse conteúdo mnêmico foi reelaborado como uma situação homossexual. A mãe que amamenta o filho – ou melhor: em quem o filho mama – foi transformada num abutre que enfia sua cauda na boca da criança. Afirmamos que a *coda* do abutre, de acordo com o uso substitutivo comum da linguagem, não pode significar outra coisa senão um genital masculino, um pênis. Mas não compreendemos como a atividade da fantasia pode chegar a dotar justamente a ave materna com o sinal da masculinidade e, em face desse absurdo, duvidamos da possibilidade de reduzir essa formação fantasística a um sentido racional.

Entretanto, não podemos desanimar. Quantos sonhos aparentemente absurdos já não forçamos a confessar seu sentido! Por que deveria ser mais difícil no caso de uma fantasia de infância do que no de um sonho?

Recordemo-nos de que não é bom que uma estranheza se ache isolada, e apressemo-nos a colocar a seu lado uma segunda, ainda mais chamativa.

A deusa Mut dos egípcios, representada com cabeça de abutre e que, segundo opina Drexler no dicionário de Roscher, é uma figura de caráter inteiramente impessoal, era com frequência fundida com outras divindades maternas de individualidade mais vivaz, como Ísis e Hathor, mas conservava ao mesmo tempo sua existência e sua adoração à parte. Uma característica especial do panteão egípcio era o fato de deuses individuais não sucumbirem ao sincretismo. Ao lado dos deuses compostos, persistia o deus simples em sua autonomia. Essa divindade materna com cabeça de abutre era figurada falicamente pelos egípcios na maioria de suas representações;[1] seu corpo, caracterizado como feminino pelos seios, ostentava também um membro masculino em estado de ereção.

Vemos na deusa Mut, portanto, a mesma união de características maternas e masculinas da fantasia de Leonardo com o abutre! Deveríamos explicar essa coincidência supondo que Leonardo também conhecera a natureza andrógina do abutre maternal a partir de seus estudos livrescos? Tal possibilidade é mais do que questionável; parece que as fontes a ele acessíveis nada continham a respeito dessa notável ordenação. É mais natural, por certo, explicar a coincidência por um motivo comum ainda desconhecido que atua tanto num caso quanto no outro.

A mitologia pode nos informar que a formação andrógina, a união de características sexuais masculinas

1. Ver as ilustrações em Lanzone, 1882, gravuras CXXXVI--CXXXVIII.

e femininas, não coube apenas a Mut, mas também a outras divindades como Ísis e Hathor, mas, no caso destas, talvez apenas na medida em que também tivessem natureza materna e fossem fundidas com Mut.[2] Além disso, ensina-nos que outras divindades dos egípcios, como Neith de Sais, que mais tarde se tornaria a grega Atena, foram originalmente imaginadas de forma andrógina, isto é, hermafrodita, e que o mesmo valia para muitos dos deuses *gregos*, especialmente do círculo de Dioniso, mas também para Afrodite, limitada mais tarde a ser a deusa feminina do amor. A mitologia pode então tentar a explicação de que o falo acrescentado ao corpo feminino significa a força criadora primordial da natureza e que todas essas formações divinas hermafroditas expressam a ideia de que apenas a união do masculino e do feminino poderia fornecer uma representação digna da perfeição divina. Mas nenhuma dessas observações nos esclarece o enigma psicológico de a fantasia humana não se escandalizar ao dotar com o sinal da força masculina, oposto à maternidade, uma figura que pretende corporificar a essência da mãe.

O esclarecimento provém das teorias sexuais infantis. Houve certamente uma época em que o genital masculino era considerado compatível com a representação da mãe. Quando o menino dirige pela primeira vez sua sede de saber aos enigmas da vida sexual, é dominado pelo interesse por seu próprio genital. Ele considera essa parte de seu corpo valiosa e importante demais para

2. Römer, 1903.

poder acreditar que estivesse ausente em outras pessoas com quem se sente tão parecido. Visto que não pode adivinhar que existe ainda outro tipo, equivalente, de formação genital, ele tem de recorrer à hipótese de que todas as pessoas, também as mulheres, possuem um membro como o seu. Esse preconceito se estabelece tão firmemente no jovem investigador que não é destruído nem mesmo pelas primeiras observações dos genitais das menininhas. A percepção de fato lhe diz que aí existe algo diferente do seu caso, mas ele não é capaz de admitir que o conteúdo dessa percepção é não encontrar o membro na menina. É-lhe sinistra e intolerável a ideia de que o membro possa estar ausente, por isso ele tenta chegar a uma decisão conciliadora: o membro também existe na menina, mas ainda seria muito pequeno; ele cresceria mais tarde.[3] Se essa expectativa parece não se cumprir em observações posteriores, ele encontra outra saída. O membro também existia na menininha, mas foi cortado e em seu lugar ficou uma ferida. Esse avanço da teoria já aproveita experiências próprias de caráter desagradável; nesse meio-tempo, ele ouviu a ameaça de que o precioso órgão lhe será tirado se manifestar um interesse nítido demais por ele. Sob a influência dessa ameaça de castração ele reinterpreta agora sua concepção sobre o genital

---

3. Ver as observações no *Jahrbuch für psychoanalyt. u. psychopath. Forschungen* [Anuário de investigações psicanalíticas e psicopatológicas, isto é, "O pequeno Hans", e Jung, 1910], na *Internat. Zeitschr. f.* ärztl. *Psychoanalyse* [Revista internacional de psicanálise médica] e na *Imago*.

feminino; a partir desse momento, ele temerá por sua masculinidade, mas ao mesmo tempo desprezará as infelizes criaturas em quem, segundo sua opinião, o cruel castigo já foi aplicado.[4]

Antes de o menino cair sob o domínio do complexo de castração, na época em que ainda considerava a mulher dotada de pleno valor, começou a se manifestar nele, como atividade erótica impulsional, uma intensa vontade de olhar.[5] Ele queria ver os genitais de outras pessoas, originalmente, é provável, para compará-los com o seu próprio. A atração erótica que emanava da pessoa da mãe logo culminou no anseio por seu genital, que ele julgava ser um pênis. Com o conhecimento, apenas tardiamente adquirido, de que a mulher não possui pênis, esse anseio muitas vezes se transforma em seu oposto, dá lugar a uma repulsa que nos anos de puberdade pode se tornar causa de impotência psíquica, misoginia ou homossexualidade permanente. No entanto, a fixação ao objeto outrora ardentemente desejado, o pênis da mulher, deixa marcas indeléveis na vida psíquica do menino que atravessou

---

4. [Nota acrescentada em 1919] Parece-me imperioso supor que aqui também cabe buscar uma das raízes do ódio aos judeus, que se apresenta de maneira tão elementar nos povos ocidentais e se comporta de forma tão irracional. As pessoas equiparam inconscientemente a circuncisão com a castração. Se ousarmos transferir nossas hipóteses à pré-história do gênero humano, poderíamos desconfiar que a circuncisão fosse originalmente um substituto atenuado, um sucedâneo da castração.

5. *Schaulust*. Alternativamente: gosto por olhar, prazer em olhar; curiosidade. (N.T.)

essa parte da investigação sexual infantil com especial aprofundamento. A veneração fetichista do pé e do calçado femininos parece apenas tomar o pé como símbolo substitutivo do membro da mulher outrora venerado e cuja falta se sente desde então; os "cortadores de tranças"[6] fazem, sem saber, o papel de pessoas que executam o ato da castração no genital feminino.

Enquanto não se abandonar o ponto de vista de nosso menosprezo cultural pelos genitais e pelas funções sexuais em geral, não se obterá uma relação correta com as atividades da sexualidade infantil, e provavelmente se recorrerá à saída de declarar inverossímeis essas informações. Para a compreensão da vida psíquica infantil requerem-se analogias pré-históricas. Para nós, há uma longa série de gerações os genitais já são *pudenda*, objetos de vergonha e, com um recalcamento sexual mais bem-sucedido, inclusive de nojo. Se lançarmos um olhar abrangente à vida sexual de nossa época, especialmente à das camadas que sustentam a cultura humana, ficamos tentados a dizer: em sua maioria, os seres humanos que hoje vivem se sujeitam apenas com relutância aos imperativos da reprodução e, ao fazê-lo, sentem-se ofendidos e depreciados em sua dignidade humana. O que existe entre nós com respeito a uma outra concepção da vida sexual retraiu-se às camadas baixas do povo, que permaneceram em estado bruto; esconde-se nas camadas

6. Tradução literal de *Zopfabschneider*. Refere-se ao homem que, movido por um impulso patológico, corta tranças de cabelo feminino. (N.T.)

superiores e refinadas como algo culturalmente inferior e se atreve a entrar em ação apenas sob as advertências amarguradas de uma consciência pesada. Era diferente nas épocas primordiais do gênero humano. Das trabalhosas compilações dos investigadores da cultura, podemos tirar a convicção de que originalmente os genitais eram o orgulho e a esperança dos viventes, gozavam de adoração como se fossem deuses e transferiam o caráter divino de suas funções a todas as novas atividades aprendidas pelos seres humanos. Incontáveis figuras de deuses elevaram-se através de sublimação a partir de sua natureza, e na época em que o nexo das religiões oficiais com a atividade sexual já estava encoberto para a consciência geral, cultos secretos se esforçavam por mantê-lo vivo entre alguns iniciados. Por fim, sucedeu no curso do desenvolvimento cultural que fossem tantas as coisas divinas e sagradas extraídas da sexualidade que seu resto esgotado sucumbiu ao desprezo. Porém, considerando a indestrutibilidade existente na natureza de todos os traços psíquicos, não devemos nos admirar que mesmo as mais primitivas formas de adoração dos genitais possam ser comprovadas até épocas bem recentes e que o uso da linguagem, os costumes e as superstições da humanidade atual contenham resquícios de todas as fases desse desenvolvimento.[7]

Analogias biológicas de peso nos prepararam para o fato de o desenvolvimento psíquico do indivíduo repetir de forma resumida o curso do desenvolvimento da

7. Ver Richard Payne Knight.

humanidade, e por isso não acharemos improvável o que a sondagem psicanalítica da psique das crianças mostrou sobre a apreciação infantil dos genitais. A hipótese infantil do pênis materno é a fonte comum da qual derivam tanto a constituição andrógina das divindades maternas como a egípcia Mut quanto a *coda* do abutre na fantasia infantil de Leonardo. É apenas de maneira equívoca, afinal, que chamamos de hermafroditas no sentido médico do termo essas representações de deuses. Nenhum deles reúne os verdadeiros genitais de ambos os sexos, tal como se unem em algumas malformações para o horror de qualquer olho humano; apenas acrescentam aos seios, distintivos da maternidade, o membro masculino, tal como existia na primeira ideia da criança sobre o corpo da mãe. A mitologia conservou para os fiéis essa constituição corporal venerável, primordialmente fantasiada, da mãe. Podemos traduzir assim a ênfase dada à cauda do abutre na fantasia de Leonardo: "Naquela época em que minha terna curiosidade se dirigia à mãe e eu ainda lhe atribuía um genital como o meu próprio". Trata-se de um testemunho adicional da investigação sexual precoce de Leonardo, que, segundo nossa opinião, tornou-se decisiva para toda a sua vida posterior.

Uma breve reflexão nos adverte agora que não podemos nos contentar com o esclarecimento da cauda de abutre na fantasia infantil de Leonardo. Ela parece conter mais coisas, que ainda não compreendemos. Afinal, seu traço mais chamativo era transformar o ato de mamar ao seio materno no ato de ser amamentado, ou seja, transformá-lo em passividade e, assim, numa situação de caráter indubitavelmente homossexual. Sem perder de vista a probabilidade histórica de que Leonardo se comportou em sua vida como alguém de sensibilidade homossexual, impõe-se a nós a questão de saber se essa fantasia não aponta para uma relação causal entre a ligação infantil de Leonardo com a mãe e sua posterior homossexualidade manifesta, ainda que ideal. Não ousaríamos deduzir tal relação da reminiscência distorcida de Leonardo se não soubéssemos, a partir de investigações psicanalíticas com pacientes homossexuais, que ela existe, sendo inclusive íntima e necessária.

Os homens homossexuais, que em nossos dias empreenderam uma enérgica ação contra as restrições legais a sua atividade sexual, gostam de ser apresentados por seus porta-vozes teóricos como uma variação sexual à parte desde o princípio, como um grau sexual intermediário, como um "terceiro sexo". Eles seriam homens cujas condições orgânicas lhes imporiam desde sua origem a satisfação com outros homens, satisfação que malograria com as mulheres. Por mais que de bom grado subscrevamos suas reivindicações por considerações humanas, tanto mais devemos mostrar reserva quanto a suas teorias, que foram apresentadas sem considerar a gênese psíquica da homossexualidade. A psicanálise oferece os meios para preencher essa lacuna e colocar à prova as asserções dos homossexuais. Ela só pôde cumprir essa tarefa num pequeno número de pessoas, mas todas as investigações empreendidas até agora trouxeram o mesmo resultado surpreendente.[8] Em todos os nossos homens homossexuais, houve na primeira infância, que mais tarde é esquecida pelo indivíduo, uma ligação erótica muito intensa com uma pessoa do sexo feminino, via de regra a mãe, causada ou favorecida pela ternura excessiva desta e, além disso, apoiada por um recuo do pai ao segundo plano na vida infantil. Sadger ressalta que as mães de seus pacientes homossexuais eram muitas vezes viragos, mulheres com traços de caráter enérgicos capazes de tirar o pai da posição que lhe cabe; vi o mesmo vez por outra, mas recebi uma impressão mais forte daqueles casos em que o pai estava ausente desde o início ou se ausentara bastante cedo, de modo que o menino ficou entregue à influência feminina. Quase parece que a presença de um pai forte asseguraria ao filho a decisão correta na escolha de objeto em favor do sexo oposto.[9]

---

8. Trata-se sobretudo de investigações de I. Sadger, que posso confirmar no essencial por experiência própria. Além disso, sei que W. Stekel, em Viena, e S. Ferenczi, em Budapeste, chegaram aos mesmos resultados.

9. A pesquisa psicanalítica trouxe dois fatos indubitáveis para a compreensão da homossexualidade, sem com isso acreditar que tenha esgotado a origem desse desvio sexual. O primeiro é a já mencionada fixação das necessidades amorosas na mãe; o outro se expressa na afirmação de que qualquer pessoa, mesmo a mais normal, é capaz da escolha de objeto homossexual, consumou-a em algum momento da vida e, no inconsciente, ou ainda a conserva, ou se assegura contra ela por meio de enérgicas atitudes contrárias. Essas duas constatações dão um fim tanto à reivindicação dos homossexuais de serem reconhecidos como um “terceiro sexo” quanto à distinção, julgada significativa, (cont.)

Após esse estágio preliminar, ocorre uma transformação cujo mecanismo nos é conhecido e cujas forças impulsoras ainda não compreendemos. O amor à mãe não pode passar pelo posterior desenvolvimento consciente; ele sucumbe ao recalcamento. O menino recalca o amor à mãe ao colocar a si mesmo no lugar dela, identificar-se com ela e tomar sua própria pessoa como modelo, à cuja semelhança escolhe seus novos objetos amorosos. Dessa forma, ele se torna homossexual; na verdade, ele desliza de volta ao autoerotismo, visto que os meninos que o adolescente agora ama são apenas pessoas substitutivas e renovações de sua própria pessoa infantil, que ele ama como a mãe o amou quando era criança. Dizemos que ele encontra seus objetos amorosos pela via do *narcisismo*, visto que a lenda grega chama de Narciso um jovem a quem nada agradou tanto quanto a própria imagem refletida e que foi transformado na bela flor com esse nome.

Ponderações psicológicas de mais profundo alcance justificam a afirmação de que o indivíduo que por essa via se tornou homossexual permanece fixado no inconsciente à imagem mnêmica de sua mãe. Pelo recalcamento do amor à mãe, ele o conserva no inconsciente e permanece fiel a ela a partir de então. Se na condição de amante ele parece correr atrás de garotos, na realidade ele foge de

(cont.) entre homossexualidade inata e adquirida. A existência de traços somáticos do outro sexo (o montante de hermafroditismo físico) é muito útil, mas não decisiva, para que a escolha homossexual de objeto se torne manifesta. É preciso dizer com pesar que os representantes dos homossexuais na ciência nada conseguiram aprender com as descobertas asseguradas da psicanálise.

outras mulheres que poderiam torná-lo infiel. Através de observações específicas diretas, também pudemos provar que o indivíduo aparentemente receptivo apenas ao estímulo masculino na verdade é suscetível à atração que emana da mulher da mesma forma que um indivíduo normal; porém, ele sempre se apressa em transferir a um objeto masculino a excitação recebida da mulher, repetindo dessa maneira sem cessar o mecanismo pelo qual adquiriu sua homossexualidade.

Longe de nós exagerar a importância dessas explicações sobre a gênese psíquica da homossexualidade. É inteiramente inequívoco que elas contradizem de maneira flagrante as teorias oficiais dos porta-vozes homossexuais, mas sabemos que elas não são abrangentes o bastante para possibilitar uma clarificação definitiva do problema. O que por razões práticas é chamado de homossexualidade pode provir de múltiplos processos psicossexuais de inibição, e o processo que reconhecemos é talvez apenas um dentre muitos e se refere apenas a um tipo de "homossexualidade". Também temos de admitir que em nosso tipo homossexual o número de casos em que as condições por nós exigidas são demonstráveis ultrapassa em muito o daqueles casos em que o efeito derivado realmente ocorre, de modo que também nós não podemos rejeitar a cooperação de fatores constitucionais desconhecidos, dos quais usualmente se costuma derivar o todo da homossexualidade. Não teríamos tido qualquer ocasião de abordar a gênese psíquica da forma de homossexualidade por nós estudada se uma forte conjectura não indicasse que justamente Leonardo, de cuja fantasia com o abutre partimos, pertencia a esse tipo de homossexual.

Por menos detalhes que se conheça sobre o comportamento sexual do grande artista e pesquisador, é lícito confiar na probabilidade de que as declarações de seus contemporâneos não se enganavam de forma muito grosseira. À luz dessas notícias, ele nos aparece portanto como um homem cujas necessidades e atividades sexuais eram extraordinariamente reduzidas, como se uma aspiração superior o tivesse elevado acima da ordinária e animal necessidade dos seres humanos. Pode ficar em aberto saber se alguma vez, e de que maneira, ele buscou a satisfação sexual direta ou se pôde prescindir completamente dela. Temos contudo o direito de buscar também nele aquelas correntes de sentimento que impelem os outros imperiosamente ao ato sexual, pois não conseguimos imaginar qualquer vida psíquica humana em cuja estrutura o apetite sexual no mais amplo sentido, a libido, não tomasse parte, por mais que ela tenha se afastado muito da meta original ou se abstido da realização.

Não poderemos esperar em Leonardo mais do que traços de inclinação sexual não transformada. Estes, porém, apontam numa direção e ainda permitem incluí-lo entre os homossexuais. Desde sempre se ressaltou que ele só tomava como discípulos meninos e adolescentes extremamente bonitos. Era bondoso e indulgente com eles, tratava e cuidava deles ele próprio quando ficavam doentes como uma mãe cuida dos filhos, como sua própria mãe teria cuidado dele. Visto que os escolhera por sua beleza e não por seu talento, nenhum deles – Cesare da Sesto, G. Boltraffio, Andrea Salaino, Francesco Melzi e outros – se tornou um pintor importante. Na maioria das vezes, não conseguiram conquistar sua independência do mestre e desapareceram após sua morte sem legar à história da arte uma fisionomia mais definida. É provável que ele não tenha conhecido pessoalmente os outros que, por suas obras, puderam com razão denominar-se seus discípulos, como Luini e Bazzi, conhecido como Sodoma.

Sabemos que será preciso lidar com a objeção de que o comportamento de Leonardo em relação a seus discípulos absolutamente nada teria a ver com motivos sexuais e não permitiria qualquer conclusão a respeito de sua peculiaridade sexual. Contra isso, queremos declarar com toda a cautela que nossa concepção esclarece alguns traços curiosos do comportamento do mestre que de outro modo permaneceriam enigmáticos. Leonardo mantinha um diário; com sua escrita pequena, da direita para a esquerda, fazia anotações destinadas apenas a si mesmo. Nesse diário, o que é digno de nota, ele dirigia a palavra a si mesmo usando "tu": "Aprende a multiplicação das raízes com mestre Luca".[10]

"Pede ao mestre d'Abacco para mostrar-te a quadratura do círculo."[11] – Ou, por ocasião de uma viagem:[12] "Irei a Milão por causa de meus assuntos de jardinagem [...] Manda fazer dois alforjes. Pede a Boltraffio para mostrar-

10. Solmi, 1908, p. 152.

11. *Ibid.*

12. *Loc. cit.*, p. 203.

-te o torno e trabalhar uma pedra nele. – Deixa o livro com o mestre Andrea il Todesco".[13] Ou um propósito de significado totalmente diferente: "Tens de demonstrar em teu tratado que a Terra é um astro, como a Lua ou algo assim, e desse modo provar a nobreza de nosso mundo".[14]

Nesse diário, que, aliás – como os diários de outros mortais –, muitas vezes toca com apenas poucas palavras nos acontecimentos mais significativos do dia ou os ignora completamente, há algumas anotações que, por sua singularidade, são citadas por todos os biógrafos de Leonardo. São anotações a respeito de pequenas despesas do mestre, de uma exatidão minuciosa como se fossem de um pai de família filistinamente austero e parcimonioso, ao passo que faltam as comprovações da utilização de somas maiores e nada fale a favor de que o artista entendesse de administração. Um desses registros se refere a um manto novo que ele comprou para o discípulo Andrea Salaino:[15]

Brocado de prata	15 liras	4 soldos
Veludo vermelho para o debrum	9 "	– "
Cordões	– "	9 "
Botões	– "	12 "

13. Leonardo se comporta nisso como alguém que estava acostumado a fazer sua confissão diária a outra pessoa e que nesse momento substitui essa pessoa pelo diário. Ver em Mereschkowski, 1903, p. 367, uma hipótese sobre quem poderia ter sido essa pessoa.

14. Herzfeld, 1906, p. CXLI.

15. Citado conforme Mereschkowski, *loc. cit.*, p. 282.

Outra anotação bastante detalhada lista todas as despesas que um outro discípulo[16] lhe causou devido a suas más qualidades e sua inclinação ao roubo: "Em 21 de abril de 1490, comecei este caderno e recomecei o cavalo.[17] Jacomo chegou a minha casa no dia de Santa Madalena de 1490, na idade de dez anos. (Anotação à margem: ladrão, mentiroso, teimoso, glutão.) No segundo dia, mandei fazer-lhe duas camisas, um par de calças e um gibão e, quando separei o dinheiro para pagar tais coisas, ele me roubou o dinheiro da carteira e jamais foi possível fazê-lo confessar, embora eu tivesse verdadeira certeza disso (anotação à margem: 4 liras...)". Assim prossegue o relato sobre os delitos do pequeno e termina com um cálculo de despesas: "No primeiro ano, um manto, 2 liras; 6 camisas, 4 liras; 3 gibões, 6 liras; 4 pares de meias, 7 liras etc.".[18]

Os biógrafos de Leonardo, de quem nada está mais longe do que a vontade de decifrar os enigmas da vida psíquica de seu herói a partir de suas pequenas fraquezas e peculiaridades, costumam acrescentar a esses curiosos cálculos uma observação que acentua a bondade e a indulgência do mestre em relação a seus discípulos. Esquecem-se de que não é o comportamento de Leonardo que necessita de uma explicação, e sim o fato de ter nos deixado esses seus testemunhos. Visto que não se pode atribuir-lhe o motivo de querer colocar em nossas mãos provas de sua bondade, temos de supor que um outro motivo, de ordem afetiva,

16. Ou modelo.

17. Do monumento equestre de Francesco Sforza.

18. Ver a íntegra em Herzfeld, 1906, p. XLV.

o levou a fazer esses registros. Não é fácil descobrir qual seria, e não saberíamos indicar nenhum se outra conta encontrada entre os papéis de Leonardo não lançasse uma luz viva sobre essas anotações estranhamente pedantes a respeito da vestimenta dos discípulos etc.:

"Despesas após a morte para	
o sepultamento de Caterina	27 florins
2 libras de cera	18 "
Para carregar e erigir a cruz	12 "
Catafalco	4 "
Carregadores de caixão	8 "
A 4 sacerdotes e 4 clérigos	20 "
Repicar de sinos	2 "
Aos coveiros	16 "
Para a autorização – aos funcionários	1 "
Total	108 florins
Despesas anteriores:	
Ao médico	4 florins
Para açúcar e velas	12 "
	16 "
Total geral	124 florins".[19]

19. Mereschkowski, 1903, p. 372. – Como prova aflitiva da incerteza das notícias de qualquer modo escassas sobre a vida íntima de Leonardo, menciono o fato de o mesmo cálculo de despesas ser reproduzido por Solmi (1908, p. 104) com variações consideráveis. A mais séria é o fato de florins serem substituídos por soldos. Pode-se supor que nesse cálculo os florins não signifiquem os antigos "florins de ouro", e sim a grandeza, (cont.)

O escritor Mereschkowski é o único que sabe nos dizer quem foi essa Caterina. De duas outras breves anotações ele deduz que a mãe de Leonardo, a camponesa pobre de Vinci, veio a Milão em 1493 para visitar seu filho, que então contava 41 anos; ali adoeceu, foi levada por Leonardo ao hospital e, quando morreu, sepultada por ele com tão honrosa pompa.[20]

Essa interpretação do romancista, conhecedor da alma humana, não é demonstrável, mas pode reivindicar tamanha probabilidade interna, combina tão bem com tudo o que sabemos da atividade emocional de Leonardo que não posso evitar reconhecê-la como correta. Ele conseguiu forçar seus sentimentos ao jugo da investigação e inibir sua livre expressão; mas também para ele havia casos em que o reprimido conseguia se manifestar, e a morte da mãe outrora tão ardentemente amada era um deles. Nesse cálculo dos custos do sepultamento temos diante de nós, distorcida a ponto de se tornar irreconhecível, a expressão do luto pela mãe. Admiramo-nos sobre como pôde ocorrer semelhante distorção, e tampouco podemos compreendê-la sob o ponto de vista dos pro-

(cont.) usual mais tarde, que equivalia a uma lira e dois terços ou 33 soldos e um terço. – Solmi faz de Caterina uma empregada que dirigiu a casa de Leonardo por algum tempo. Não tive acesso à fonte da qual essas duas exposições tiraram esse cálculo.

20. "Caterina chegou em 16 de julho de 1493." – "Giovannina – um rosto belíssimo –, pergunte no hospital por Caterina." [Mereschkowski não traduziu corretamente a segunda observação. O correto seria: "Giovannina – um rosto belíssimo – está no hospital de Santa Caterina." (N.E.)]

cessos psíquicos normais. Porém, conhecemos bem algo parecido sob as condições anormais das neuroses e, de modo bastante especial, da chamada *neurose obsessiva.* Aí vemos a expressão de sentimentos intensos, mas que se tornaram inconscientes através de recalcamento, deslocada para operações insignificantes, até mesmo tolas. As forças opositoras conseguiram reduzir a tal ponto a expressão desses sentimentos recalcados que se teria de estimar como extremamente insignificante a intensidade desses sentimentos; porém, na compulsão imperiosa com que essa ínfima ação expressiva se impõe, revela-se o verdadeiro poder, enraizado no inconsciente, das moções que a consciência gostaria de desmentir. Apenas tal semelhança com o que ocorre na neurose obsessiva pode explicar o cálculo de Leonardo referente às despesas fúnebres por ocasião da morte de sua mãe. No inconsciente, ele ainda estava ligado a ela, como nos tempos de infância, por uma inclinação eroticamente tingida; o antagonismo do recalcamento, mais tarde ocorrido, desse amor infantil não permitiu que no diário lhe fosse erigido outro e mais digno monumento, mas o que resultou como compromisso desse conflito neurótico teve de ser executado, e assim o cálculo foi registrado e chegou ao conhecimento da posteridade como algo incompreensível.

Não parece façanha alguma transferir a compreensão obtida com o cálculo do funeral aos cálculos das despesas dos discípulos. Por conseguinte, esse também seria um caso em que os escassos restos de moções libidinosas obtiveram em Leonardo, como numa neurose obsessiva, uma expressão distorcida. A mãe e os discípulos, imagens de sua própria beleza quando menino, teriam sido seus objetos sexuais – até o ponto em que o recalcamento sexual que dominava sua natureza admite tal designação –, e a compulsão a anotar com extrema minúcia as despesas feitas com eles seria a estranha denúncia desses rudimentares conflitos. Assim, o resultado seria que a vida amorosa de Leonardo realmente pertence ao tipo de homossexualidade cujo desenvolvimento psíquico pudemos descobrir, e o surgimento da situação homossexual em sua fantasia com o abutre se tornaria para nós compreensível, pois não significava outra coisa senão o que anteriormente afirmamos acerca daquele tipo. Isso exigiria a seguinte tradução: "Através dessa relação erótica com a mãe, tornei-me um homossexual".[21]

21. As formas de expressão sob as quais a libido recalcada pode se manifestar em Leonardo – pormenorização e interesse monetário – estão entre os traços de caráter resultantes do erotismo anal. Ver "Caráter e erotismo anal" (1908 b).

Capítulo IV

A fantasia de Leonardo com o abutre continua nos ocupando. Em palavras que lembram com nitidez demasiada a descrição de um ato sexual ("e bateu muitas vezes com sua cauda contra meus lábios"), Leonardo acentua a intensidade da ligação erótica entre mãe e filho. Não é difícil, dessa ligação da atividade da mãe (do abutre) com a ênfase na zona oral, depreender um segundo conteúdo mnêmico da fantasia. Podemos traduzir: "A mãe me deu inúmeros beijos apaixonados na boca". A fantasia é composta da recordação de ser amamentado e beijado pela mãe.

Uma boa natureza facultou ao artista expressar através de criações suas moções psíquicas mais secretas, ocultas a ele próprio, que comovem poderosamente os outros, alheios ao artista, sem que eles mesmos saibam dizer de onde provém essa comoção. Não haveria na obra de toda a vida de Leonardo algo que fornecesse testemunho daquilo que sua memória conservou como a impressão mais forte de sua infância? Seria de esperar que houvesse. Porém, quando se pondera sobre as profundas transformações pelas quais uma impressão vital do artista precisa passar antes de poder apresentar sua contribuição para a obra de arte, será preciso, justamente no caso de Leonardo, reduzir a uma medida bastante modesta a exigência de certeza na demonstração.

Quem pensa nos quadros de Leonardo será lembrado de um notável, cativante e enigmático sorriso que ele pôs qual um sortilégio nos lábios de suas figuras femininas. Um sorriso estático sobre lábios alongados e arqueados; tornou-se característico dele e é chamado por excelência de "leonardesco".[1] Na face estranhamente bela da florentina Mona Lisa del Giocondo, ele comoveu e desconcertou os espectadores da mais forte maneira. Esse sorriso exigia uma interpretação e encontrou as mais variadas, das quais nenhuma satisfez. "*Voilà quatre siècles bientôt que Monna Lisa fait perdre la tête à tous ceux qui parlent d'elle, après l'avoir longtemps regardée.*"[2]

Muther:[3] "O que mais enfeitiça o espectador é o encanto demoníaco desse sorriso. Centenas de poetas e escritores escreveram sobre essa mulher que ora parece sorrir-nos sedutoramente, ora parece olhar para o vazio de maneira fria e sem alma, e ninguém decifrou seu sorriso, ninguém interpretou seus pensamentos. Tudo, mesmo a paisagem, é misteriosamente onírico, como que vibrando numa sensualidade mormacenta".

---

1. [Nota acrescentada em 1919] O conhecedor de arte pensará aqui no sorriso rígido e peculiar que mostram as obras escultóricas da arte grega arcaica, por exemplo, as eginetas; talvez também descubra algo parecido nas figuras do professor de Leonardo, Verrochio, e, por isso, não quererá acompanhar sem reservas as explanações seguintes.

2. Gruyer segundo Von Seidlitz, 1909, vol. 2, p. 280. [Eis que logo se completarão quatro séculos que a Mona Lisa faz perder a cabeça a todos que falam dela depois de tê-la contemplado por muito tempo. (N.T.)]

3. 1909, vol. 1, p. 314.

A suspeita de que no sorriso da Mona Lisa se unem dois elementos distintos ocorreu a vários críticos. Por isso, veem no jogo fisionômico da bela florentina a mais acabada representação dos opostos que dominam a vida amorosa da mulher: a reserva e a sedução, a ternura dedicada e a sensualidade que faz exigências sem consideração, devorando o homem como se ele fosse algo estranho. Assim se expressa Müntz:[4] "*On sait quelle énigme indéchiffrable et passionnante Monna Lisa Gioconda ne cesse depuis bientôt quatre siècles, de proposer aux admirateurs pressés devant elle. Jamais artiste (j'emprunte la plume du délicat écrivain qui se cache sous le pseudonyme de Pierre de Corlay) 'a-t-il traduit ainsi l'essence même de la féminité: tendresse et coquetterie, pudeur et sourde volupté, tout le mystère d'un cœur qui se réserve, d'un cerveau qui réfléchit, d'une personnalité qui se garde et ne livre d'elle-même que son rayonnement* [...]'".[5] O italiano Angelo Conti[6] vê o quadro do Louvre animado por um raio de sol. "*La donna sorrideva in una calma regale: i suoi istinti di conquista, di*

4. 1899, p. 417.

5. "É sabido que enigma indecifrável e apaixonante Mona Lisa Gioconda não cessa de colocar há quase quatro séculos aos admiradores aglomerados diante dela. Jamais um artista (peço emprestada a pena do delicado escritor que se oculta sob o pseudônimo de Pierre de Corlay) 'traduziu assim a própria essência da feminilidade: ternura e coquetismo, pudor e surda volúpia, todo o mistério de um coração que se guarda, de um cérebro que reflete, de uma personalidade que se acautela e não entrega de si mesma senão o seu esplendor [...]'." (N.T.)

6. 1910, p. 93.

ferocia, tutta l'eredità della specie, la volontà della seduzione e dell' agguato, la grazia del inganno, la bontà che cela un proposito crudele, tutto ciò appariva alternativamente e scompariva dietro il velo ridente e si fondeva nel poema del suo sorriso [...] *Buona e malvagia, crudele e compassionevole, graziosa e felina, ella rideva* [...]."[7]

Leonardo pintou esse quadro ao longo de quatro anos, talvez de 1503 a 1507, durante sua segunda estadia em Florença, quando tinha mais de cinquenta anos. Conforme o relato de Vasari, ele empregou as mais seletas artes para distrair a dama durante as sessões e manter esse sorriso em seu rosto. Em seu estado atual, o quadro conservou apenas poucas de todas as sutilezas que seu pincel reproduziu na época sobre a tela; foi considerado, quando estava em processo de criação, como o mais alto produto que a arte poderia alcançar; é certo, porém, que não agradou ao próprio Leonardo, que o declarou inacabado, não o entregou ao encomendante e o levou consigo à França, onde seu protetor, Francisco I, o comprou para o Louvre.

Deixemos o enigma fisionômico da Mona Lisa sem ser resolvido e registremos o fato indubitável de seu sorriso não ter fascinado menos o artista do que todos os contempladores desde há quatrocentos anos. Esse

7. "A dama sorria numa calma régia: seus instintos de conquista, de ferocidade, toda a herança de sua casta, a vontade de seduzir e de emboscar, a graça do engano, a bondade que oculta um propósito cruel, tudo isso aparecia e desaparecia alternadamente por trás do véu risonho e se fundia no poema de seu sorriso [...]. Boa e malvada, cruel e compassiva, graciosa e felina, ela ria [...]." (N.E.)

sorriso cativante retorna a partir de então em todos os seus quadros e nos de seus discípulos. Visto que a Mona Lisa de Leonardo é um retrato, não podemos supor que deu por conta própria a seu rosto um traço de tão difícil expressão que ela própria não possuísse. Parece que dificilmente poderemos fazer outra coisa senão acreditar que encontrou esse sorriso em seu modelo e caiu de tal modo sob seu encanto que, a partir de então, dotou com ele as livres criações de sua fantasia. Essa concepção natural é expressa, por exemplo, por A. Konstantinowa:[8]

"Durante o longo período em que o mestre se ocupou do retrato de Mona Lisa del Giocondo, habituou-se com tal interesse de sentimento às sutilezas fisionômicas desse rosto feminino que transferiu esses traços – em especial o sorriso misterioso e o olhar estranho – a todos os rostos que pintou ou desenhou mais tarde; a peculiaridade facial da Gioconda pode ser percebida inclusive no quadro de João Batista, no Louvre; sobretudo, porém, pode ser reconhecida nitidamente nos traços faciais de Maria no quadro *A Virgem e o Menino Jesus com Sant'Ana*."

Mas as coisas também podem ter se passado de outra maneira. A necessidade de uma fundamentação mais profunda para aquela atração com que o sorriso da Gioconda capturou o artista para não mais soltá-lo manifestou-se em mais de um dos seus biógrafos. W. Pater, que vê no quadro da Mona Lisa a "corporificação de toda a experiência amorosa da humanidade acultura-

8. 1907, p. 44.

da" e trata com muita sutileza "aquele sorriso insondável que, em Leonardo, sempre parece como que ligado a algo ominoso", leva-nos a outra pista quando afirma:[9]

"De resto, o quadro é um retrato. Podemos acompanhar como se mescla desde a infância no tecido de seus sonhos, de maneira que se poderia acreditar, caso não o contradissessem testemunhos expressos, que se trata de seu ideal feminino por fim encontrado e corporificado [...]".

M. Herzfeld por certo tem algo bem parecido em mente ao afirmar que na Mona Lisa Leonardo encontrou a si mesmo, motivo pelo qual lhe foi possível introduzir tantas coisas de sua própria natureza no quadro, "cujos traços estiveram desde sempre na alma de Leonardo, numa simpatia enigmática".[10]

Tentemos desenvolver essas alusões até atingirmos a clareza. Pode ter acontecido que Leonardo fosse cativado pelo sorriso da Mona Lisa porque este despertou algo nele que há muito dormitava em sua alma, provavelmente uma velha recordação. Essa recordação era significativa o bastante para, uma vez despertada, não mais deixá-lo; tinha de dar-lhe nova expressão sem cessar. A asseveração de Pater de que podemos acompanhar a maneira como um rosto como o da Mona Lisa se mescla desde a infância no tecido de seus sonhos parece verossímil e merece ser compreendida ao pé da letra.

9. Pater, 1906, p. 157. (Traduzido do inglês ao alemão.)
10. Herzfeld, 1906, p. LXXXVIII.

Vasari menciona que as primeiras tentativas artísticas de Leonardo foram "*teste di femmine, che ridono*".[11] Em tradução alemã[12] e de forma mais completa, o trecho, inteiramente insuspeito porque não quer provar nada, é o seguinte: "Enquanto em sua juventude ele fez algumas cabeças femininas sorridentes de argila, que foram reproduzidas em gesso, e algumas cabeças de criança, tão belas como se tivessem sido feitas por mão de mestre [...]".

Ficamos sabendo assim que seu exercício artístico começou com a representação de dois tipos de objetos que necessariamente nos lembram os dois tipos de objetos sexuais que deduzimos da análise de sua fantasia com o abutre. Se as belas cabeças de criança eram reproduções de sua própria pessoa infantil, as mulheres sorridentes não são outra coisa senão repetições de Caterina, sua mãe, e começamos a suspeitar da possibilidade de que sua mãe possuíra o misterioso sorriso que ele perdera e que tanto o cativou quando o reencontrou na dama florentina.[13]

A pintura de Leonardo que está temporalmente mais próxima da Mona Lisa é a chamada "tríade de Sant'Ana", ou seja, Sant'Ana com Maria e o Menino

11. ["Cabeças de mulheres que riem." (N.E.)] Citado por Scognamiglio, 1900, p. 32.

12. De L. Schorn, 1843, vol. 3, p. 6.

13. Mereschkowski supõe o mesmo, porém imagina para Leonardo uma história de infância que difere nos pontos essenciais de nossos resultados extraídos da fantasia com o abutre. No entanto, se o próprio Leonardo tivesse exibido esse sorriso [como Mereschkowski igualmente supõe (N.E.)], a tradição dificilmente teria deixado de nos relatar essa coincidência.

Jesus. Ela mostra o sorriso leonardesco em belíssima expressão nas duas cabeças femininas. Não é possível averiguar quanto tempo antes ou depois do retrato de Mona Lisa Leonardo começou a pintar esse quadro. Visto que ambos os trabalhos se estenderam por anos, pode-se bem supor que ocuparam o mestre ao mesmo tempo. Harmonizar-se-ia da melhor forma com nossa expectativa se precisamente o aprofundamento nos traços da Mona Lisa tivesse estimulado Leonardo a criar a composição de Sant'Ana a partir de sua fantasia. Pois se o sorriso da Gioconda evocou nele a recordação da mãe, então compreendemos que ele fosse antes de tudo impelido a criar uma glorificação da maternidade e a devolver à mãe o sorriso que encontrara na nobre dama. E assim podemos deixar nosso interesse passar do retrato da Mona Lisa a esse outro quadro, dificilmente menos belo, que agora também se encontra no Louvre.

Sant'Ana com a filha e o neto foi um tema raramente tratado na pintura italiana; seja como for, a representação de Leonardo se afasta bastante de todas as outras conhecidas. Muther afirma:[14]

"Alguns mestres, como Hans Fries, Holbein, o Velho, e Girolamo dai Libri, representaram Ana sentada ao lado de Maria e colocaram o menino entre ambas. Outros, como Jakob Cornelisz em seu quadro berlinense, mostraram a 'tríade de Sant'Ana' ao pé da letra, isto é, representaram-na segurando nos braços a pequena figura de Maria, sobre quem repousa a figura ainda menor do

14. 1909, vol. 1, p. 309.

Menino Jesus." Em Leonardo, Maria está sentada no colo de sua mãe, inclinada para a frente e estendendo ambos os braços para o menino, que brinca com um cordeirinho, talvez maltratando-o um pouco. A avó firma o braço não oculto contra a cintura e olha com um sorriso bem-aventurado para os dois. O agrupamento por certo não é inteiramente espontâneo. Mas o sorriso que brinca nos lábios de ambas as mulheres, embora seja inconfundivelmente o mesmo do quadro da Mona Lisa, perdeu seu caráter sinistro e enigmático; ele expressa afeição e calma bem-aventurança.[15]

Com um certo aprofundamento nesse quadro, ocorre ao contemplador, como uma súbita compreensão, a seguinte ideia: só Leonardo pôde pintar esse quadro, como só ele pôde criar a fantasia com o abutre. Nesse quadro está registrada a síntese de sua história de infância; os detalhes dele são explicáveis a partir das mais personalíssimas impressões de vida de Leonardo. Na casa de seu pai, ele não encontrou somente a boa madrasta Donna Albiera, mas também a avó, mãe de seu pai, Monna Lucia, quem, queremos supor, não foi menos carinhosa com ele do que as avós costumam ser. Essa circunstância pôde sugerir a ele a figuração da infância protegida pela mãe e pela avó. Outro traço chamativo do quadro adquire uma importância ainda maior. Sant'Ana, mãe de Maria e avó

---

15. Konstantinowa, 1907, p. 44: "Maria olha cheia de afeição para seu querido, com um sorriso que lembra a expressão enigmática da Gioconda", e, em outro trecho (*loc. cit.*, p. 52), diz de Maria: "Em torno de seus traços paira o sorriso da Gioconda".

do menino, que deveria ser uma matrona, está aí talvez um pouco mais madura e séria do que Santa Maria, mas representada ainda como mulher jovem de beleza não fanada. Na realidade, Leonardo deu ao menino duas mães: uma que estende os braços em sua direção e outra em segundo plano, ambas com o bem-aventurado sorriso da felicidade maternal. Essa peculiaridade do quadro não deixou de suscitar o assombro dos autores; Muther, por exemplo, opina que Leonardo não pôde se decidir a pintar a velhice, os vincos e as rugas, razão pela qual também teria feito de Ana uma mulher de beleza radiante. Alguém poderia se dar por satisfeito com essa explicação? Outros recorreram à saída de negar completamente o "fato de mãe e filha terem a mesma idade".[16] No entanto, a tentativa de explicação de Muther por certo basta para provar que a impressão de rejuvenescimento de Sant'Ana foi tomada do quadro, e não criada ilusoriamente por alguma tendência.

A infância de Leonardo foi exatamente tão notável como esse quadro. Ele teve duas mães; a primeira era sua mãe verdadeira, Caterina, de quem foi tirado na idade de três a cinco anos, e uma madrasta jovem e carinhosa, a mulher de seu pai, Donna Albiera. Ao reunir esse fato de sua infância ao primeiramente citado, a presença da mãe e da avó, condensando-os numa unidade mista, formou-se para ele a composição da tríade de Sant'Ana. A figura materna mais afastada do menino, chamada de avó, corresponde, segundo seu aspecto e sua relação

---

16. Ver Von Seidlitz, 1909, vol. 2, p. 274, notas.

espacial com o menino, a Caterina, a primeira e verdadeira mãe. Com o sorriso bem-aventurado de Sant'Ana, o artista provavelmente desmentiu e encobriu a inveja que a infeliz sentiu quando teve de deixar o filho à rival mais nobre, como antes deixara o marido.[17]

17. [Nota acrescentada em 1919] Se tentarmos separar uma da outra as figuras de Ana e de Maria nesse quadro, não será fácil fazê-lo. Diríamos que ambas estão de tal modo fundidas entre si como figuras oníricas mal condensadas, de modo que em muitos pontos é difícil dizer onde termina Ana e onde começa Maria. O que dessa forma aparece à observação crítica como um ato falho, como uma deficiência da composição, justifica-se diante da análise pela indicação de seu sentido secreto. Para o artista, as duas mães de sua infância puderam confluir numa só figura.

Fig. 2

[Acréscimo de 1923] Então é especialmente tentador comparar com a tríade de Sant'Ana do Louvre o famoso esboço londrino que mostra outra composição do mesmo tema [fig. 3]. Aí as duas figuras maternas estão ainda mais intimamente fundidas, seus limites são ainda mais incertos, de modo que críticos avessos a qualquer esforço em busca de uma interpretação disseram que "as duas cabeças parecem crescer do mesmo tronco".

A maioria dos autores concorda em declarar que esse esboço londrino é o trabalho mais antigo e situa seu surgimento no primeiro período milanês de Leonardo (antes de 1500). Adolf Rosenberg (monografia de 1898), ao contrário, vê na composição do esboço uma configuração posterior – e mais feliz – do (cont.)

Dessa forma, partindo de outra obra de Leonardo, teríamos chegado à confirmação da suspeita de que o

---

(cont.) mesmo tema, e julga, apoiando-se em Anton Springer, que ele surgiu inclusive depois da Mona Lisa. Ajusta-se perfeitamente às nossas discussões que o esboço seja a criação bem mais antiga. Tampouco é difícil imaginar como o quadro do Louvre teria resultado do esboço, ao passo que não se compreenderia a transformação contrária. Se partirmos da composição do esboço, diremos que Leonardo talvez tenha sentido a necessidade de eliminar a fusão onírica das duas mulheres que correspondia a sua recordação de infância e separar espacialmente as duas cabeças. Isso aconteceu ao separar a cabeça e o tronco de Maria da figura materna, inclinando-os para baixo. Para motivar esse deslocamento, o Menino Jesus precisou sair do colo e ir para o chão, e assim não restou espaço para o pequeno João, substituído pelo cordeiro.

Fig. 3

[Acréscimo de 1919] Oskar Pfister fez uma descoberta notável no quadro do Louvre, à qual de forma alguma negaremos nosso interesse, mesmo que não nos sintamos inclinados a reconhecê-la em termos absolutos. Na vestimenta de Maria, de conformação peculiar e nada fácil de compreender, ele descobriu o *contorno do abutre*, interpretando-o como *quadro enigmático inconsciente*.

"No quadro que representa a mãe do artista, acha-se com plena clareza *o abutre, o símbolo da maternidade*.

"Vê-se a cabeça de abutre extremamente característica, o pescoço e o início do tronco, num arco agudo, no tecido azul que se torna visível no quadril da mulher da frente e se estende na direção do colo e do joelho direito. Quase nenhum observador a quem (cont.)

sorriso da Mona Lisa del Giocondo despertou no homem a recordação da mãe de sua primeira infância. A partir de então, as madonas e as damas nobres mostraram nos quadros dos pintores da Itália a humilde inclinação da cabeça e o sorriso estranho-venturoso de Caterina, a pobre mocinha camponesa que deu ao mundo seu magnífico filho destinado a pintar, pesquisar e sofrer.

Se Leonardo conseguiu reproduzir no rosto da Mona Lisa o duplo sentido que tinha esse sorriso, a promessa de

---

(cont.) apresentei a pequena descoberta pôde se esquivar à evidência desse quadro enigmático." (Pfister, 1913, p. 147.)

Neste ponto, o leitor certamente não receará o esforço de olhar a imagem que acompanha esse texto para buscar nela os contornos do abutre visto por Pfister. O tecido azul cujas bordas marcam o quadro enigmático destaca-se na reprodução como campo cinza-claro em relação ao fundo mais escuro do restante da roupa. [Ver fig. 2, em que, ao contrário do quadro, não reproduzido aqui, o fundo é mais claro. (N.T.)]

Pfister prossegue (*loc. cit.*, p. 147): "Mas a questão mais importante é esta: até onde vai o quadro enigmático? Se acompanharmos o tecido, que se destaca tão nitidamente de suas adjacências, a partir da metade da asa percebemos que, de um lado, ele desce até o pé da mulher, mas, do outro, se eleva na direção de seu ombro e da criança. A primeira parte corresponderia aproximadamente às asas e à cauda natural do abutre; a segunda, a um ventre afilado e, em especial quando atentamos para as linhas radiais, semelhantes aos contornos de penas, a uma cauda de ave aberta, cuja ponta direita, *exatamente como no sonho infantil de Leonardo, sonho de importância fatídica, vai até a boca da criança, ou seja, precisamente a de Leonardo*".

O autor trata então de prosseguir a interpretação ainda mais longe em seus pormenores, lidando com as dificuldades que disso resultam.

ternura ilimitada bem como a ominosa ameaça (segundo as palavras de Pater), ele também se manteve fiel ao conteúdo de sua mais antiga recordação. Pois a ternura da mãe foi para ele uma fatalidade, determinou seu destino e as privações que o aguardavam. A intensidade das carícias apontada por sua fantasia com o abutre era bastante natural; a pobre mãe abandonada precisou deixar todas as suas lembranças de ternuras desfrutadas, bem como sua ânsia por novas, confluir no amor materno; foi forçada a não só compensar a si mesma por não ter marido, mas também compensar a criança por não ter um pai que quisesse acariciá-la. Assim, à maneira de todas as mães insatisfeitas, ela tomou o filho no lugar do marido e o privou de uma parte de sua masculinidade através da maturação demasiado precoce de seu erotismo. O amor da mãe pelo lactente que ela nutre e de quem cuida é algo de alcance muito mais profundo do que sua afeição posterior pelo filho adolescente. Tal amor tem a natureza de uma relação amorosa plenamente satisfatória que realiza não só todos os desejos psíquicos, mas também satisfaz todas as necessidades físicas; e se ele representa uma das formas da felicidade atingível pelo ser humano, isso provém em escala considerável da possibilidade de também satisfazer, sem receber censuras, moções de desejo há muito recalcadas e que cabe chamar de perversas.[18] No mais feliz dos jovens casamentos, o pai percebe que o filho, especialmente o menininho, tornou-se seu rival, o que dá início a um antagonismo, profundamente arraigado no inconsciente, em relação ao predileto.

---

18. Ver *Três ensaios de teoria sexual*, 1905 d.

Quando, no auge de sua vida, Leonardo reencontrou aquele sorriso venturosamente extasiado que uma vez aflorara à boca de sua mãe ao acariciá-lo, estava há muito sob o domínio de uma inibição que o proibia de um dia desejar novamente tais carinhos de lábios femininos. Mas ele se tornara pintor, e assim se esforçou por recriar esse sorriso com o pincel, dando-o a todos os seus quadros, quer os pintasse ele próprio ou fossem pintados por discípulos sob sua orientação – a *Leda*, o *João Batista* e o *Baco*. Os dois últimos são variações do mesmo tipo. Muther afirma (1909, vol. 1, p. 314): "Do comedor de gafanhotos da Bíblia, Leonardo fez um Baco, um Apolino, que, um sorriso enigmático nos lábios, as pernas macias cruzadas, nos encara com um olhar fascinante". Esses quadros exalam um misticismo em cujo mistério não se ousa penetrar; pode-se no máximo tentar estabelecer a conexão com as criações anteriores de Leonardo. As figuras são novamente andróginas, mas não mais no sentido da fantasia com o abutre; são belos jovens de delicadeza feminil com formas efeminadas; eles não baixam os olhos, mas olham de uma maneira misteriosamente triunfante, como se soubessem de um grande acontecimento feliz a respeito do qual se precisa calar; o conhecido sorriso cativante permite supor que se trata de um segredo amoroso. É possível que nessas figuras Leonardo tenha desmentido e superado artisticamente a infelicidade de sua vida amorosa ao representar, em tal ditosa união da natureza masculina e da feminina, a realização de desejo do menino fascinado pela mãe.

Capítulo V

Dentre as anotações dos diários de Leonardo, há uma que prende a atenção do leitor devido a seu conteúdo significativo e por causa de um pequeno erro formal. Em julho de 1504 ele escreve:

"*Adì 9 di Luglio 1504 mercoledi a ore 7 morì Ser Piero da Vinci, notalio al palazzo del Potestà, mio padre, a ore 7. Era d'età d'anni 80, lasciò 10 figlioli maschi e 2 femmine.*"[1]

A anotação trata portanto da morte do pai de Leonardo. O pequeno erro quanto à forma consiste no fato de a indicação da hora, "*a ore 7*", ocorrer duas vezes, como se ao fim da frase Leonardo tivesse esquecido que já a registrara em seu início. É só uma minúcia, à qual uma pessoa que não fosse psicanalista não daria atenção. Talvez não a percebesse e, se lhe chamassem a atenção para ela, diria: "Isso pode acontecer a qualquer um por distração ou por emoção, e não tem maior significado".

O psicanalista pensa diferente; para ele, nada é pequeno demais como expressão de processos psíquicos ocultos; há muito aprendeu que tal esquecimento ou repetição são significativos e que se deve agradecer à

1. Segundo Müntz, 1899, p. 13, nota. ["Em 9 de julho de 1504, quarta-feira, às sete horas, morreu Ser Piero da Vinci, notário no Palazzo del Potestà, meu pai, às sete horas. Ele tinha oitenta anos e deixou dez filhos e duas filhas." (N.E.)]

"distração" quando ela permite revelar moções normalmente ocultas.

Diremos que essa anotação, como a conta do funeral de Caterina e o cálculo de custos dos discípulos, também corresponde a um caso em que Leonardo fracassou em reprimir seus afetos e em que aquilo que estivera longamente oculto conseguiu à força uma expressão distorcida. A forma também é idêntica; é a mesma precisão pedante, a mesma prioridade dos números.[2]

Chamamos tal repetição de "perseveração". Ela é um excelente recurso para indicar a ênfase afetiva. Pense-se, por exemplo, na fala furibunda de São Pedro contra seu indigno representante na Terra no "Paraíso" de Dante:

Quegli ch'usurpa in terra il luogo mio,
Il luogo mio, il luogo mio, che vaca
Nella presenza del Figliuol di Dio,
Fatto ha del cimiterio mio cloaca.[3]

Sem a inibição afetiva de Leonardo, a anotação do diário poderia ser aproximadamente esta: "Hoje às sete horas faleceu meu pai, Ser Piero da Vinci, meu pobre pai!". Mas o deslocamento da perseveração ao detalhe

2. Não quero considerar um erro ainda maior que Leonardo comete nessa anotação ao atribuir oitenta anos ao pai que contava 77.

3. Canto XXVII, versos 22-25. ["Aquele que usurpa na Terra o meu lugar, / O meu lugar, o meu lugar, que vaga, / Na presença do Filho de Deus, // Fez do meu cemitério cloaca." (N.E.)]

mais indiferente da nota de falecimento, a hora da morte, priva a anotação de todo *páthos* e por muito pouco ainda nos deixa reconhecer que aí havia algo a ocultar e a reprimir.

Ser Piero da Vinci, notário e descendente de notários, era um homem de grande força vital que obteve prestígio e fortuna. Casou-se quatro vezes; as duas primeiras esposas faleceram sem lhe deixar filhos, apenas da terceira obteve em 1476 o primeiro filho legítimo, quando Leonardo já tinha 24 anos de idade e fazia tempo que trocara a casa paterna pelo ateliê de seu mestre Verrocchio; com a quarta e última esposa, com quem se casara já cinquentão, ele ainda gerou nove filhos e duas filhas.[4]

É certo que esse pai também se tornou significativo para o desenvolvimento psicossexual de Leonardo, e isso não apenas negativamente, por sua ausência nos primeiros anos de infância do menino, mas também de forma direta graças à presença na infância posterior. Quem deseja a mãe quando criança não pode evitar o fato de querer colocar-se no lugar do pai, identificar-se com ele em sua fantasia e, mais tarde, transformar a superação dele em tarefa de vida. Quando Leonardo, ainda não completados cinco anos, foi acolhido na casa do avô, a jovem madrasta Albiera certamente tomou o lugar da mãe em sua sensibilidade, e ele entrou naquela relação de rivalidade com o pai que cabe chamar de normal. A

4. Parece que nessa passagem do diário Leonardo também se enganou quanto ao número de irmãos, o que se encontra numa contradição notável com a aparente exatidão do trecho.

decisão pela homossexualidade surge, como se sabe, apenas por volta dos anos de puberdade. Quando Leonardo a tomou, a identificação com o pai perdeu qualquer importância para sua vida sexual, porém prosseguiu em outros âmbitos de atividade não erótica. Vimos que ele gostava de pompa e de belas roupas, que tinha serviçais e cavalos, embora, segundo as palavras de Vasari, "não tivesse quase nada e trabalhasse pouco"; não responsabilizaremos apenas seu senso de beleza por essas preferências, também reconhecemos nelas a compulsão a copiar e a superar o pai. Frente à pobre mocinha camponesa, o pai era o nobre senhor, e por isso ficou no filho o aguilhão para também fazer o papel de nobre senhor, o ímpeto de "*to out-herod Herod*",[5] de mostrar ao pai qual o aspecto da verdadeira nobreza.

Quem cria como artista certamente também se sente como um pai em relação a suas obras. Para a produção de Leonardo como pintor, a identificação com o pai teve uma consequência funesta. Ele as criou e não se preocupou mais com elas, tal como seu pai não se preocupara com ele. O posterior cuidado do pai nada pôde mudar nessa compulsão, pois esta se derivava das impressões dos primeiros anos de infância, e o recalcado que se manteve inconsciente não é passível de correção por experiências posteriores.

Na época da Renascença, todo artista precisava – como também muito mais tarde – de um alto senhor e

5. "Ser mais cruel que Herodes", isto é, superá-lo. Ver Shakespeare, Hamlet, ato III, cena 2. (N.T.)

protetor, um *padrone* que lhe fizesse encomendas e em cujas mãos repousava seu destino. Leonardo encontrou seu *padrone* em Lodovico Sforza, cognominado *il Moro*, homem ambicioso, amante da pompa, diplomaticamente astuto, mas inconstante e nada confiável. Foi em sua corte, em Milão, que Leonardo passou a época mais brilhante de sua vida; a seu serviço, desenvolveu da forma mais livre a força criativa de que dão testemunho a *Santa ceia* e a estátua equestre de Francesco Sforza. Ele deixou Milão antes que a catástrofe desabasse sobre Lodovico Moro, que morreu como prisioneiro num cárcere francês. Quando a notícia do destino de seu protetor chegou a Leonardo, ele escreveu em seu diário: "O duque perdeu seu país, suas posses, sua liberdade e nenhuma das obras que empreendeu foi levada a termo".[6] É curioso e por certo não desprovido de significado que ele faça aqui contra seu *padrone* a mesma recriminação que a posteridade faria contra ele, como se quisesse responsabilizar uma pessoa da série paterna pelo fato de ele próprio deixar suas obras inacabadas. Na realidade, ele não deixava de ter razão quanto ao duque.

Porém, se a imitação do pai o prejudicou como artista, a rebelião contra ele foi a condição infantil de seus feitos, talvez igualmente grandiosos, como pesquisador. Ele parecia, segundo a bela imagem de Mereschkowski, uma pessoa que acordara cedo demais, na escuridão,

6. "*Il duca perse lo stato e la roba e libertà e nessuna sua opera si finì per lui.*" Von Seidlitz, 1909, vol. 2, p. 270.

enquanto todos os outros ainda dormiam.[7] Ele se atreveu a pronunciar a ousada frase que, afinal, contém a justificação de toda pesquisa livre: *Quem, na disputa das opiniões, recorre à autoridade trabalha com sua memória em vez de fazê-lo com seu entendimento.*[8] Assim, ele se tornou o primeiro investigador moderno da natureza, e uma abundância de conhecimentos e conjecturas recompensou sua coragem por ser o primeiro, desde o tempo dos gregos, a tocar nos segredos da natureza, apoiado apenas na observação e no próprio julgamento. Porém, se ele ensinava a menosprezar a autoridade e a rejeitar a imitação dos "antigos", indicando sem cessar o estudo da natureza como a fonte de toda a verdade, apenas repetia, na mais alta das sublimações atingíveis pelo ser humano, a tomada de partido que já se impusera ao menininho que, maravilhado, perscrutava o mundo. Afinal, traduzidos da abstração científica de volta para a experiência individual concreta, os antigos e a autoridade correspondiam apenas ao pai, e a natureza tornou-se outra vez a terna e bondosa mãe que o nutrira. Ao passo que para a maioria dos outros seres humanos – ainda hoje como nos tempos primordiais – a necessidade de apoio em alguma autoridade é tão imperiosa que seu mundo começa a vacilar quando essa autoridade é ameaçada, apenas Leonardo pôde prescindir desse apoio; não teria

7. 1903, p. 348.

8. *Chi disputa allegando l'autorità non adopra l'ingegno ma piuttosto la memoria*; Solmi, 1910, p. 13. [*Codex Atlanticus*, F. 76 r. a. (N.E.)]

podido fazê-lo se nos primeiros anos de vida não tivesse aprendido a renunciar ao pai. Sua ousada e independente investigação científica posterior pressupõe a investigação sexual infantil não inibida pelo pai e a prossegue com afastamento em relação à esfera sexual.

Se alguém como Leonardo escapou em sua primeira infância de ser intimidado pelo pai e se livrou dos grilhões da autoridade em sua pesquisa, seria a mais gritante contradição a nossas expectativas se descobríssemos que o mesmo homem se manteve crente e não conseguiu esquivar-se da religião dogmática. A psicanálise nos mostrou a íntima conexão entre o complexo paterno e a fé em Deus; mostrou-nos que o deus pessoal não é psicologicamente outra coisa senão um pai elevado e todo dia nos demonstra como pessoas jovens perdem a crença religiosa tão logo sucumba nelas a autoridade do pai. No complexo parental reconhecemos assim a raiz da necessidade religiosa; o deus todo-poderoso, justo, e a bondosa natureza parecem-nos grandiosas sublimações do pai e da mãe, ou, antes, renovações e restaurações das representações de ambos na primeira infância. A religiosidade se explica biologicamente pelo desamparo e pela carência prolongados do pequeno ser humano, que, ao reconhecer mais tarde seu abandono e sua fraqueza reais face às grandes potências da vida, sente sua situação como análoga à da infância, buscando desmentir sua desolação por meio da renovação regressiva das potências protetoras infantis. A proteção contra o adoecimento neurótico que a religião concede a seus crentes explica-se facilmente pelo fato de tomar-lhes o complexo parental, do qual depende a consciência de culpa tanto do indivíduo quanto de toda a humanidade, e resolvê-lo para eles, enquanto o descrente precisa dar conta dessa tarefa sozinho.

Não parece que o exemplo de Leonardo possa refutar essa concepção da crença religiosa. Denúncias que o acusavam de descrença, ou, o que era a mesma coisa na época, de apostasia da fé cristã, manifestaram-se já durante sua vida e encontraram expressão categórica na sua primeira biografia, escrita por Vasari.[9] Na segunda edição de suas *Vite* [Vidas], de 1568, Vasari omitiu essas observações. É-nos plenamente compreensível que Leonardo, face à extraordinária sensibilidade de sua época em questões religiosas, se abstivesse também em suas notas de manifestações mais diretas sobre sua posição quanto ao cristianismo. Como pesquisador, ele não se deixou desconcertar sequer minimamente pelos relatos sobre a criação oferecidos pelas Sagradas Escrituras; ele contestava, por exemplo, a possibilidade de um dilúvio universal e, na geologia, com a mesma desenvoltura dos modernos, calculava com grandezas da ordem de centenas de milhares de anos.

Entre suas "profecias", encontram-se algumas que deveriam ofender a delicadeza de um cristão crente, como, por exemplo:[10]

9. Müntz, 1899, p. 292 e segs.

10. Conforme Herzfeld, 1906, p. 292.

> A adoração das imagens dos santos.
> As pessoas falarão com pessoas que nada escutam, cujos olhos estão abertos e não veem; falarão com elas e não obterão resposta; implorarão por graças àquele que tem ouvidos e não ouve; acenderão velas para aquele que é cego.

Ou (*loc. cit.*, p. 297):

> Dos lamentos na Sexta-Feira Santa.
> Em todas as partes da Europa, grandes povos chorarão pela morte de um único homem que faleceu no Oriente.

Sobre a arte de Leonardo, opinou-se que ele tirou das figuras sagradas o último resto de subordinação eclesiástica e as trouxe para o âmbito humano a fim de representar nelas grandes e belos sentimentos humanos. Muther elogia nele o fato de superar a atmosfera de decadência e devolver ao ser humano o direito à sensualidade e ao alegre gozo da vida. Nas anotações que mostram Leonardo concentrado na decifração dos grandes enigmas da natureza, não faltam manifestações de admiração pelo criador, o fundamento último de todos esses magníficos segredos, mas nada indica que ele quisesse manter uma relação pessoal com esse poder divino. As frases em que colocou a profunda sabedoria de seus últimos anos de vida exalam a resignação do homem que se submete à

Ἀνάγκη,[11] às leis da natureza, e que não espera nenhum alívio da bondade ou da graça de Deus. Quase não resta dúvida de que Leonardo superou tanto a religião dogmática como a pessoal e que, graças a seu trabalho de pesquisa, se afastou muito da visão de mundo do cristão devoto.

Nossos conhecimentos da evolução da vida psíquica infantil, anteriormente mencionados, sugerem-nos a hipótese de que as primeiras investigações infantis de Leonardo também se ocuparam dos problemas da sexualidade. Ele mesmo nos revela isso num encobrimento transparente ao relacionar seu ímpeto investigativo com a fantasia do abutre e ao destacar o problema do voo das aves como um assunto que lhe coube desenvolver em virtude de um especial encadeamento do destino. Uma passagem bastante obscura de suas anotações que tratam do voo das aves, e que soa como uma profecia, testemunha da mais bela maneira quanto interesse afetivo ele depositava no desejo de poder imitar pessoalmente a arte de voar: "A grande ave dará seu primeiro voo a partir das costas de seu grande cisne, enchendo o universo de perplexidade e todos os livros com sua fama, e será a glória eterna do ninho em que nasceu".[12] Ele provavel-

---

11. *Ananque*: segundo acreditavam os antigos gregos, força da natureza e de suas leis, à qual os próprios deuses estão sujeitos; necessidade. (N.T.)

12. Segundo Herzfeld, 1906, p. 32. "O grande cisne" seria o nome de uma colina, Monte Cecero, nos arredores de Florença. [Chama-se atualmente Monte Ceceri; *cecero* é a palavra italiana para "cisne". (N.E.)]

mente esperava poder voar um dia, e sabemos a partir dos sonhos realizadores de desejos dos humanos que bem-aventurança se espera da realização dessa esperança.

Mas por que tantas pessoas sonham poder voar? A psicanálise dá esta resposta: porque o voo ou ser pássaro são apenas disfarces para um outro desejo, a cujo reconhecimento leva mais de uma ponte da linguagem e das coisas. Se contamos à juventude curiosa que uma grande ave como a cegonha traz os bebês; se os antigos representavam o falo com asas; se a mais usual designação da atividade sexual masculina é "afogar o ganso";[13] se o membro do homem é chamado sem rodeios entre os italianos de *l'uccello* (o pássaro), então esses são apenas pequenos fragmentos de um grande contexto que nos ensina que o desejo de poder voar não significa outra coisa no sonho senão o anseio de ser capaz de feitos sexuais.[14] Esse é um desejo da primeira infância. Quando o adulto recorda sua infância, ela lhe parece uma época feliz em que se fruía o momento e se ia sem desejos ao encontro do futuro, e por isso ele inveja as crianças. Mas as próprias crianças, se pudessem nos dar informações mais cedo, provavelmente relatariam outra coisa. Parece que a infância não é aquele venturoso idílio em que a transformamos posteriormente mediante distorção; que as crianças são, antes, fustigadas

---

13. O verbo alemão que designa vulgarmente o coito, *vögeln* (foder, trepar), deriva-se de *Vogel* (ave). (N.T.)

14. [Nota acrescentada em 1919] Conforme as investigações de Paul Federn (1914) e de Mourly Vold (1912), um pesquisador norueguês alheio à psicanálise.

durante os anos de infância pelo único desejo de crescer, de imitar os adultos. Esse desejo impulsiona todas as suas brincadeiras. Se no curso de sua investigação sexual as crianças suspeitam que o adulto possa algo grandioso nesse campo enigmático e contudo tão importante, que não lhes é permitido saber nem fazer, manifesta-se nelas um desejo impetuoso de fazer o mesmo, e elas sonham com isso na forma do voo, ou preparam esse disfarce do desejo para seus posteriores sonhos de voar. Dessa forma, também a aviação, que em nossos tempos finalmente atinge sua meta, tem sua raiz erótica infantil.

Ao nos confessar que desde a infância percebeu uma relação pessoal particular com o problema do voo, Leonardo nos confirma que sua pesquisa infantil estava dirigida para assuntos sexuais, tal como tivemos de conjecturar segundo nossas investigações em crianças de nossa época. Esse problema, pelo menos, escapou ao recalcamento que mais tarde o afastou da sexualidade; dos anos de infância até a época da mais completa maturidade intelectual, esse mesmo problema, com ligeira mudança de sentido, lhe permaneceu interessante, e é bem possível que tenha fracassado na desejada arte tanto no sentido sexual primário como no mecânico, que ambos continuassem sendo-lhe desejos proibidos.

Sob alguns aspectos, o grande Leonardo permaneceu infantil por toda a vida; diz-se que todos os grandes homens têm de conservar algo infantil. Ele também continuou brincando quando adulto, o que às vezes também o tornava sinistro e incompreensível a seus contemporâneos. Quando fazia as mais engenhosas brincadeiras mecânicas em festividades da corte e recepções solenes, só nós ficamos insatisfeitos por vermos o mestre dirigindo sua energia a semelhantes bobagens; ele mesmo parecia ter gosto por tais coisas, pois Vasari relata que as fazia em ocasiões em que nenhuma encomenda o obrigava a isso: "Lá (em Roma) ele fabricou uma massa de cera e fez com ela, quando estava líquida, animais muito delicados, cheios de ar; soprando neles, voavam e, quando o ar tinha saído, caíam ao chão. Para uma curiosa lagartixa, encontrada pelo vinhateiro do belvedere, ele fez asas da pele tirada de outras lagartixas, asas que encheu com mercúrio, de maneira que se moviam e tremiam quando ela andava; além disso, fez-lhe olhos, barba e chifres, domesticou-a, colocou-a numa caixa e apavorava todos os seus amigos com ela".[15] Muitas vezes, tais brincadeiras serviam para que ele expressasse pensamentos profundos: "Com frequência, mandava limpar tão bem as tripas de um carneiro que se poderia segurá-las na palma da mão; levava-as a uma grande sala, colocava alguns foles de ferreiro numa sala adjacente, fixava neles as tripas e as enchia de ar até que preenchessem toda a sala e as pessoas precisassem refugiar-se num canto. Assim ele mostrava como ficavam gradativamente transparentes e cheias de ar, e enquanto elas, de início confinadas a um lugar pequeno, se expandiam cada vez mais no amplo espaço, ele as comparava com o gênio".[16] Suas fábulas e enigmas,

15. Vasari, traduzido por Schorn, 1843, p. 39.

16. *Ibid.*, p. 39.

estes apresentados sob a forma de "profecias", quase todos ricos em pensamentos e carecendo notavelmente de espírito, testemunham o mesmo gosto brincalhão pela ocultação inofensiva e pela expressão engenhosa.

As brincadeiras e os saltos que Leonardo permitia à fantasia levaram seus biógrafos, que não compreenderam esse caráter, a cometer graves erros em alguns casos. Nos manuscritos milaneses de Leonardo, por exemplo, encontram-se esboços de cartas a "Diodário de Sório (Síria), representante do santo sultão da Babilônia", nas quais Leonardo se apresenta como engenheiro que fora enviado a essas regiões do Oriente para cumprir certos trabalhos, se defende da acusação de preguiça, fornece descrições geográficas de cidades e montanhas e, por fim, descreve um grande desastre natural que lá aconteceu em sua presença.[17]

A partir desses documentos, J.P. Richter tentou provar em 1883 que Leonardo realmente fez essas observações de viagem estando a serviço do sultão do Egito e que inclusive adotou no Oriente a religião maometana. Essa estada cairia na época anterior a 1483, ou seja, antes da mudança para a corte do duque de Milão. Porém, não foi difícil à crítica de outros autores reconhecer as provas da suposta viagem de Leonardo ao Oriente como aquilo que na realidade são, a saber, produções fantásticas do jovem artista criadas para sua própria diversão, nas quais

17. Acerca dessas cartas e das conclusões a elas ligadas, ver Müntz, 1899, p. 82 e segs.; seu teor e outras anotações subsequentes encontram-se em M. Herzfeld, 1906, p. 223 e segs.

talvez tenha expressado desejos de ver o mundo e viver aventuras.

Provavelmente também seja uma criação da fantasia a "Academia Vinciana", conjecturada com base na existência de cinco ou seis emblemas entrelaçados de maneira extremamente engenhosa com a inscrição da academia. Vasari menciona esses desenhos, mas não a academia.[18] Müntz, que colocou um desses ornamentos na capa de sua grande obra sobre Leonardo, está entre os poucos que acreditam na realidade de uma "Academia Vinciana".

É provável que esse impulso lúdico de Leonardo tenha desaparecido em seus anos maduros, que também ele tenha desembocado na atividade de pesquisa que significou o último e mais elevado desdobramento de sua personalidade. Porém, a longa conservação desse impulso pode nos ensinar com que lentidão se separa de sua infância aquele que em seus tempos de criança gozou a suprema ventura erótica, não alcançada novamente mais tarde.

18. "Além disso, ele perdeu algum tempo desenhando inclusive um entrelaçado cujo fio podia ser seguido de uma ponta a outra até formar uma figura perfeitamente circular; um desenho bastante difícil e bonito desse tipo foi gravado em cobre, e em seu centro lemos estas palavras: 'Leonardus Vinci Academia'." Schorn, 1843, p. 8.

Capítulo VI

Seria vão enganar-se quanto ao fato de hoje os leitores acharem toda patografia[1] impalatável. A rejeição se reveste com a crítica de que numa abordagem patográfica de um grande homem nunca se chega à compreensão de sua importância e de sua obra; por isso, seria petulância inútil estudar nele coisas que poderiam ser igualmente encontradas em qualquer outra pessoa que se apresentasse. Só que essa crítica é tão manifestamente injusta que apenas se torna compreensível como pretexto e encobrimento. A patografia não se coloca de forma alguma a meta de tornar compreensível a obra do grande homem; afinal, não se deve criticar alguém por não cumprir algo que jamais prometeu. Os verdadeiros motivos da oposição são outros. Descobrimo-los quando consideramos que os biógrafos são fixados de maneira bem peculiar a seu herói. Muitas vezes, elegeram-no para objeto de seus estudos por terem de antemão lhe demonstrado uma afeição especial baseada em suas vidas emocionais pessoais. Dedicam-se então a um trabalho de idealização que se empenha por inserir o grande homem na série dos modelos infantis, mais ou menos como se nele dessem nova vida à representação infantil do pai. Por amor a esse desejo, apagam

---

1. Investigação e apresentação das influências patológicas sobre o desenvolvimento e as capacidades de uma pessoa. (N.T.)

os traços individuais em sua fisionomia, alisam as marcas de sua luta pela vida recorrendo a resistências interiores e exteriores, não toleram nele qualquer resto de fraqueza ou imperfeição humana e então realmente nos dão uma figura ideal fria, estranha, em vez do homem de quem poderíamos nos sentir distantemente aparentados. É lamentável que façam isso, pois assim sacrificam a verdade por uma ilusão e renunciam, em favor de suas fantasias infantis, à oportunidade de penetrar nos segredos mais fascinantes da natureza humana.[2]

O próprio Leonardo, com seu amor à verdade e seu ímpeto pelo saber, não renunciaria à tentativa de deduzir as condições de seu desenvolvimento psíquico e intelectual a partir das pequenas estranhezas e dos pequenos enigmas de sua natureza. Nós o homenageamos ao aprendermos com ele. Não prejudica sua grandeza estudarmos o sacrifício que custou seu desenvolvimento desde criança e coligirmos os fatores que estamparam em sua pessoa a marca trágica do fracasso.

Destaquemos expressamente que jamais incluímos Leonardo entre os neuróticos ou "doentes dos nervos", como se diz de forma canhestra. Quem se lamenta pelo fato de ousarmos aplicar a ele pontos de vista obtidos da patologia ainda se aferra a preconceitos que hoje abandonamos, com razão. Não acreditamos mais que saúde e doença, pessoas normais e neuróticas, possam ser nitidamente separadas umas das outras e que traços

2. Essa crítica deve valer de maneira bastante geral, não tendo em mira os biógrafos de Leonardo em particular.

neuróticos tenham de ser considerados como prova de uma inferioridade geral. Hoje sabemos que os sintomas neuróticos são formações substitutivas para certas operações de recalcamento que temos de realizar no curso de nosso desenvolvimento, que vai da criança ao homem aculturado, que todos nós produzimos tais formações substitutivas e que apenas o número, a intensidade e a distribuição dessas formações substitutivas justificam o conceito prático de doença e a conclusão quanto à existência de uma inferioridade constitucional. Segundo os pequenos indícios da personalidade de Leonardo, podemos colocá-lo na proximidade daquele tipo neurótico que chamamos de "tipo obsessivo" e comparar seu investigar com a "compulsão a ruminar" dos neuróticos e suas inibições com as chamadas abulias destes últimos.

A meta de nosso trabalho foi o esclarecimento das inibições na vida sexual de Leonardo e em sua atividade artística. Para esse fim, nos é permitido resumir o que pudemos conjecturar sobre o curso de seu desenvolvimento psíquico.

Não temos acesso a sua situação hereditária; em contrapartida, reconhecemos que as circunstâncias acidentais de sua infância exercem um profundo efeito transtornador. Seu nascimento ilegítimo o priva, talvez até o quinto ano, da influência do pai e o abandona à terna sedução de uma mãe para quem é o único consolo. Elevado pelos beijos dela a uma maturidade sexual precoce, ele por certo entrou numa fase de atividade sexual infantil, da qual apenas uma única manifestação está seguramente atestada, a intensidade de sua investigação sexual infantil. Os impulsos de olhar e de saber são estimulados ao máximo por suas impressões de primeira infância; a zona erógena da boca recebe uma ênfase a que nunca mais renunciará. Do comportamento oposto posterior, como a excessiva compaixão pelos animais, podemos concluir que nesse período da infância não faltaram fortes traços sádicos.

Um enérgico surto recalcador dá um fim a esse excesso infantil e estabelece as disposições que virão à luz nos anos de puberdade. O afastamento em relação a toda atividade grosseiramente sensual será o resultado mais evidente da transformação; Leonardo poderá viver abstinente e dar a impressão de um homem assexual. Quando as marés de excitação da puberdade vêm sobre o menino, elas não o deixarão doente ao obrigá-lo a formações substitutivas dispendiosas e daninhas; a maior parte das necessidades do impulso sexual poderá, graças à primazia precoce da sede de saber sexual, sublimar-se em ímpeto geral pelo saber e assim esquivar-se ao recalcamento. Uma parte muito menor da libido permanecerá voltada para metas sexuais e representará a vida sexual atrofiada do adulto. Em decorrência do recalcamento do amor à mãe, essa parte será impelida à orientação homossexual e se manifestará como amor ideal por rapazes. No inconsciente, permanece conservada a fixação na mãe e nas lembranças felizes da relação com ela, embora persista provisoriamente em estado inativo. Desse modo, recalcamento, fixação e sublimação se dividem na tarefa de dispor das contribuições que o impulso sexual oferece à vida psíquica de Leonardo.

Da obscura época de meninice, Leonardo emerge diante de nós como artista, pintor e escultor graças a um talento específico que talvez deva um fortalecimento ao despertar precoce do impulso de olhar nos primeiros anos de infância. De bom grado indicaríamos de que maneira a atividade artística se explica a partir dos impulsos psíquicos primordiais, se nossos recursos não malograssem justamente nesse ponto. Limitamo-nos a destacar o fato, sobre o qual dificilmente ainda cabem dúvidas, de que a criação do artista também dá vazão a seu desejo sexual e a indicar, no caso de Leonardo, a informação transmitida por Vasari de que cabeças de mulheres sorridentes e de belos meninos – ou seja, figurações de seus objetos sexuais – chamaram a atenção entre suas primeiras tentativas artísticas. Em sua juventude florescente, Leonardo parece trabalhar de início sem inibições. Assim como toma o pai por modelo em sua conduta exterior na vida, da mesma forma ele passa por um período de máscula força criadora e produtividade artística em Milão, onde o favor do destino lhe permite encontrar um substituto paterno no duque Lodovico Moro. Porém, logo se demonstra nele a experiência de que a repressão quase completa da vida sexual real não fornece as condições mais favoráveis para a atividade das aspirações sexuais sublimadas. O caráter modelar da vida sexual se faz valer, a atividade e a capacidade para decisões rápidas começam a se paralisar, a inclinação a ponderar e a postergar já se torna perceptível de forma incômoda na *Santa ceia* e determina, por sua influência sobre a técnica, o destino dessa grandiosa obra. Lentamente, ocorre nele um processo que só podemos comparar às regressões dos neuróticos. O desenvolvimento de sua natureza, que o transformou em artista na puberdade, é ultrapassado pelo desenvolvimento, condicionado pela primeira infância, que o transformou em pesquisador; a segunda sublimação de seus impulsos eróticos recua frente à sublimação primordial, preparada por ocasião do primeiro recalcamento. Ele se torna um pesquisador, de início ainda a serviço de sua arte; mais tarde, independentemente dela e dela se distanciando. Com a perda do protetor que substituía o pai e o crescente ensombrecimento de sua vida, essa substituição regressiva avança cada vez mais. Torna-se "*impacientissimo al pennello*",[3] conforme relata um correspondente da margravina Isabella d'Este, que a todo custo ainda quer possuir um retrato de sua mão.[4] O passado infantil adquiriu poder sobre ele. Mas o investigar, que agora substitui para ele a criação artística, parece ostentar alguns dos traços que caracterizam a atividade de impulsos inconscientes, como a insaciabilidade, a rigidez implacável e a falta de capacidade para adaptar-se a circunstâncias reais.

No auge de sua vida, nos primeiros anos de sua quinta década, num período em que os caracteres sexuais da mulher já regrediram, em que no homem a libido

3. "Impacientíssimo com o pincel." (N.T.)

4. Von Seidlitz, 1909, vol. 2, p. 271.

não raro ainda ousa uma enérgica investida, sobrevém a Leonardo uma nova transformação. Camadas ainda mais profundas de seu conteúdo psíquico tornam-se novamente ativas; mas essa regressão adicional vem beneficiar sua arte, que estava definhando. Ele encontra a mulher que desperta nele a recordação do sorriso feliz e sensualmente extasiado da mãe, e, sob a influência desse despertar, recobra o incitamento que o guiou no princípio de suas tentativas artísticas, quando moldava as mulheres sorridentes. Ele pinta a *Mona Lisa*, *A Virgem e o Menino Jesus com Sant'Ana* e a série de misteriosos quadros marcados pelo enigmático sorriso. Com a ajuda de suas antiquíssimas moções eróticas, ele celebra o triunfo de superar mais uma vez a inibição em sua arte. Esse último desenvolvimento se desvanece para nós na escuridão da velhice que se aproxima. Antes disso, seu intelecto ainda se elevou aos mais altos feitos de uma visão de mundo que deixava seu tempo muito para trás.

Mencionei nos capítulos precedentes o que pode justificar tal exposição do desenvolvimento de Leonardo, semelhante divisão de sua vida e semelhante esclarecimento de seu oscilar entre arte e ciência. Se com essas explanações eu também suscitasse entre amigos e conhecedores da psicanálise o juízo de que apenas escrevi um romance psicanalítico, responderei que sem dúvida não superestimo a certeza desses resultados. Como outras pessoas, estou sujeito à atração que emana desse grande e enigmático homem, em cujo ser acreditamos notar poderosas paixões impulsionais, que no entanto só podem se expressar de uma maneira tão notavelmente abafada.

Porém, qualquer que seja a verdade sobre a vida de Leonardo, não podemos abandonar nossa tentativa de sondá-la psicanaliticamente antes de termos resolvido uma outra tarefa. Temos de traçar de maneira bastante geral os limites colocados à eficiência da psicanálise no campo da biografia, de forma que ninguém interprete todo esclarecimento faltante como fracasso. Como material, estão à disposição da investigação psicanalítica os dados da história de vida: por um lado, os acasos dos acontecimentos e das influências do meio; por outro, as reações relatadas do indivíduo. Apoiada em seu conhecimento dos mecanismos psíquicos, ela busca sondar dinamicamente a natureza do indivíduo a partir de suas reações, descobrindo tanto suas forças psíquicas impulsoras originais quanto seus posteriores desenvolvimentos e transformações. Se isso funciona, está explicada a conduta da personalidade na vida mediante a cooperação de constituição e destino, de forças interiores e poderes exteriores. Se tal empreendimento, como talvez no caso de Leonardo, não fornece resultados garantidos, a culpa não é da metodologia falha ou insuficiente da psicanálise, e sim da incerteza e lacunosidade do material que a tradição oferece a respeito dessa pessoa. Portanto, deve ser responsabilizado pelo malogro apenas o autor que obrigou a psicanálise a dar um parecer com base em material tão insuficiente.

No entanto, mesmo dispondo da forma mais ampla do material histórico e manejando da forma mais segura os mecanismos psíquicos, em dois pontos significativos uma investigação psicanalítica não poderia fornecer a compreensão da necessidade graças à qual o indivíduo pôde se tornar apenas o que é, e não outra coisa. No caso de Leonardo, tivemos de defender a opinião de que a casualidade de seu nascimento ilegítimo e a ternura excessiva de sua mãe exerceram a mais decisiva influência sobre a formação de seu caráter e seu destino posterior, na medida em que o recalcamento sexual que ocorreu depois dessa fase da infância o levou à sublimação da libido em ímpeto pelo saber e estabeleceu sua inatividade sexual para toda a vida posterior. Porém, esse recalcamento após as primeiras satisfações eróticas da infância não precisaria ocorrer; em outro indivíduo, talvez não tivesse ocorrido ou teria sido muito menor. Temos de reconhecer aqui um grau de liberdade que não pode mais ser deslindado em termos psicanalíticos. Tampouco se deverá apresentar o desfecho desse surto recalcador como o único desfecho possível. Outra pessoa provavelmente não teria conseguido subtrair a parte principal da libido ao recalcamento mediante a sublimação em sede de saber; sob as mesmas influências que Leonardo, ela teria ficado com um prejuízo permanente do trabalho de pensamento ou com uma disposição incontrolável à neurose obsessiva. Estas duas peculiaridades de Leonardo são, portanto, inexplicáveis pelo empenho psicanalítico: sua inclinação bastante especial a recalcamentos de impulsos e sua extraordinária capacidade de sublimação dos impulsos primitivos.

Os impulsos e suas transformações são a última coisa que a psicanálise é capaz de descobrir. A partir daí, ela abre espaço para a pesquisa biológica. Somos forçados a explicar a inclinação ao recalcamento e a capacidade de sublimação em função das bases orgânicas do caráter, sobre as quais se ergue o edifício psíquico. Visto que o talento e a capacidade artística estão intimamente ligados à sublimação, temos de admitir que a essência da realização artística também nos é psicanaliticamente inacessível. A pesquisa biológica de nossa época tende a explicar os traços principais da constituição orgânica de uma pessoa pelo amálgama de disposições masculinas e femininas no sentido material;[5] tanto a beleza física de Leonardo quanto o fato de ser canhoto permitiriam algum apoio no tocante a esse ponto. Contudo, não queremos deixar o terreno da investigação puramente psicológica. Nossa meta continua sendo demonstrar a conexão entre vivências exteriores e reações da pessoa pela via da atividade dos impulsos. Se a psicanálise tampouco nos esclarece a condição de artista de Leonardo, ela no entanto torna compreensíveis suas manifestações e limitações. Afinal, parece que só um homem com as vivências infantis de Leonardo poderia ter pintado a Mona Lisa e a tríade de Sant'Ana, proporcionado esse triste destino a suas obras e sido capaz de uma ascensão tão inédita como pesquisador da natureza, como se a chave para todos os seus feitos e seu infortúnio estivesse oculta na fantasia infantil do abutre.

5. Isto é, químico. (N.E.)

No entanto, não deveríamos nos escandalizar com os resultados de uma investigação que concede às casualidades da constelação parental uma influência tão decisiva sobre o destino de uma pessoa, tornando o destino de Leonardo, por exemplo, dependente de seu nascimento ilegítimo e da infertilidade de sua primeira madrasta, Donna Albiera? Acredito que não se tem razão para tanto; se consideramos o acaso indigno de decidir sobre nosso destino, isso é apenas uma recaída na devota visão de mundo cuja superação foi preparada pelo próprio Leonardo ao escrever que o Sol não se move. Naturalmente, ficamos ofendidos com o fato de um deus justo e uma providência bondosa não nos protegerem melhor de tais influências no período mais indefeso de nossa vida. Esquecemos aí de bom grado que na verdade tudo em nossa vida é acaso, desde nossa concepção pelo encontro do espermatozoide com o óvulo, acaso que por isso, afinal, tem parte na regularidade e na necessidade da natureza, apenas carecendo de relação com nossos desejos e ilusões. A divisão dos determinantes de nossa vida entre as "necessidades" de nossa constituição e as "casualidades" de nossa infância poderá ainda ser incerta nos pormenores; no todo, porém, não é mais possível ter dúvida sobre a importância que têm precisamente nossos primeiros anos de infância. Todos nós ainda demonstramos muito pouco respeito pela natureza, que, segundo as obscuras palavras de Leonardo que lembram o dito de Hamlet, "é cheia de infinitas razões que jamais adentraram a experiência" (*La natura è piena d'infinite ragioni che non furono mai in isperienza*. M. Herzfeld, 1906, p. 11).[6] Cada um de nós, seres humanos, corresponde a um dos incontáveis experimentos em que essas *ragioni* da natureza irrompem na experiência.

6. Freud provavelmente se refere às bastante citadas palavras de Hamlet: "Há mais coisas no céu e na terra, Horácio, do que sonha a tua filosofia". (N.E.) Shakespeare, *Hamlet*, ato I, cena 5. Trad. de Millôr Fernandes. L&PM Pocket, 4. (N.T.)

Bibliografia[7]

Bottazzi, F. "Leonardo biologico e anatomico". *In: Conferenze Fiorentine.* Milão, 1910, p. 181. (47, 55)

Conferenze Fiorentine. *Leonardo da Vinci: Conferenze Fiorentine.* Milão, 1910. (59)

Conti, A. "Leonardo pittore". *In: Conferenze Fiorentine.* Milão, 1910, p. 81. (104)

Da Vinci, Leonardo. *Codex Atlanticus*, Biblioteca Ambrosiana, Milão. Publicado por Giovanni Piumati. Milão, 1894-1904. (53, 122)

______. *Quaderni d'Anatomia*, Royal Library, Windsor. Catálogo de Sir K. Clark. Cambridge, 1935. (53, 59)

______. *Trattato della Pittura*, Biblioteca in Vaticano. (Trad. alemã de H. Ludwig. 2. ed. Jena, 1909.) (55)

Ellis, H. "Referat über S. Freuds *Eine Kindheitserinnerung des Leonardo da Vinci*" [Resenha sobre *Uma recordação de infância de Leonardo da Vinci*, de S. Freud]. *J. ment. Sci.*, vol. 56, p. 522, 1910. (68)

Federn, P. "Über zwei typische Traumsensationen" ["Acerca de duas sensações oníricas típicas"]. *Jb. Psychoanalyse*, vol. 6, p. 89, 1914. (127)

---

7. Os números entre parênteses ao final de cada entrada indicam a(s) página(s) em que a obra é mencionada neste livro; no caso de Freud, seus textos aparecem ordenados cronologicamente. (N.T.)

Freud, S. *Drei Abhandlungen zur Sexualtheorie. GW*, vol. 5, p. 29; *SA*, vol. 5, p. 37, 1905 *d.* [*Três ensaios de teoria sexual.* Trad. Renato Zwick. Porto Alegre: L&PM, 2024.] (154)

______. "Bruchstück einer Hysterie-Analyse". *GW*, vol. 5, p. 163; *SA*, vol. 6, p. 83, 1905 *e.* [*Fragmento de uma análise de histeria* (*O caso Dora*). Trad. Renato Zwick. Porto Alegre: L&PM, 2019.] (73)

______. "Charakter und Analerotik" ["Caráter e erotismo anal"]. *GW*, vol. 7, p. 203; *SA*, vol. 7, p. 23, 1908 *b.* (101)

______. "Über infantile Sexualtheorien" ["Sobre as teorias sexuais infantis"]. *GW*, vol. 7, p. 171; *SA*, vol. 5, p. 169, 1908 *c.* (63)

______. "Analyse der Phobie eines fünfjährigen Knaben" ("Der kleine Hans"). *GW*, vol. 7, p. 243; *SA*, vol. 8, p. 9, 1909 *b.* [*O pequeno Hans: análise da fobia de um menino de cinco anos.* Trad. Renato Zwick. Porto Alegre: L&PM, 2023.] (63)

______. "Eine Kindheitserinnerung aus *Dichtung und Wahrheit*" ["Uma recordação de infância de *Poesia e verdade*"]. *GW*, vol. 12, p. 15; *SA*, vol. 10, p. 255, 1917 *b.* (71)

Hartleben, H. *Champollion, Sein Leben und sein Werk* [Champollion: sua vida e sua obra]. Berlim, 1906. (75)

Herzfeld, M. *Leonardo da Vinci: Der Denker, Forscher und Poet: Nach den veröffentlichten Handschriften* [Leonardo da Vinci: o pensador, pesquisador e poeta à luz dos manuscritos publicados]. 2. ed. Jena, 1906. (96, 97, 107, 124, 126, 130)

Jung, C.G. "Über Konflikte der kindlichen Seele" ["Sobre conflitos da psique infantil"]. *Jb. psychoanalyt. psychopath. Forsch.*, vol. 2, p. 33, 1910. (85)

Knight, R.P. *A Discussion of the Worship of Priapus* etc. [Uma discussão da adoração de Príapo etc.]. Londres, 1786. (88)

Konstantinowa, A. *Die Entwicklung des Madonnentypus bei Leonardo da Vinci* [A evolução do tipo madonesco em Leonardo da Vinci]. Strassburg, 1907. (39, 110)

Krafft-Ebing, R. von. *Psychopathia sexualis.* 8. ed. Stuttgart, 1893. (73)

Lanzone, R. *Dizionario di mitologia egizia.* 5 v. Turim, 1881-1886. (75, 83)

Leemans, C. (Ed.) *Horapollonis Niloi Hieroglyphica.* Amsterdã, 1835. (76, 77)

Mereschkowski, D.S. *Leonardo da Vinci: Ein biographischer Roman aus der Wende des XV. Jahrhunderts* [Leonardo da Vinci: um romance biográfico da virada do século XV]. Traduzido do russo ao alemão por C. von Gütschow. Leipzig, 1903. (96, 98, 99, 108, 121)

Müntz, E. *Léonard de Vinci.* Paris, 1899. (47, 77, 104, 117, 124, 130-131)

Muther, R. *Geschichte der Malerei* [História da pintura]. 3 vols. Leipzig, 1909. (103, 109, 111, 116, 125)

Pater, W. *Studies in the History of the Renaissance* [Estudos de história da Renascença]. Londres, 1873. (Trad. alemã de Wilhelm Schölermann: *Die Renaissance.* 2. ed. Leipzig, 1906.) (46, 106, 107, 115)

Pfister, O. "Kryptolalie, Kryptographie und unbewusstes Vexierbild bei Normalen" ["Criptolalia, criptografia e quadro enigmático inconsciente em pessoas normais"]. *Jb. psychoanalyt. psychopath. Forsch.*, vol. 5, p. 115, 1913. (113)

Reitler, R. "Eine anatomisch-künstlerische Fehlleistung Leonardos da Vinci" ["Um ato falho artístico-anatômico de Leonardo da Vinci"]. *Int. Z. Psychoanal.*, v. 4, p. 205, 1917. (49, 53)

Richter, J.P. *The Literary Works of Leonardo da Vinci* [As obras literárias de Leonardo da Vinci]. Londres, 1883. (2. ed., Oxford, 1939.) (47, 77, 130)

Römer, L. von. "Über die androgynische Idee des Lebens" ["Sobre a ideia andrógina da vida"]. *Jb. sex. Zwischenstufen*, v. 5, p. 732, 1903. (76, 84)

Roscher, W.H. *Ausführliches Lexikon der griechischen und römischen Mythologie* [Dicionário detalhado das mitologias grega e romana]. Leipzig, 1884-1937. (75, 83)

Rosenberg, A. *Leonardo da Vinci.* Leipzig, 1898. (112)

Scognamiglio, N. *Ver* Smiraglia Scognamiglio, N.

Seidlitz, W. von. *Leonardo da Vinci, der Wendepunkt der Renaissance* [Leonardo da Vinci, o ponto de inflexão da Renascença]. 2. v. Berlim, 1909. (45, 46, 103, 111, 121, 137)

Smiraglia Scognamiglio, N. *Ricerche e Documenti sulla Giovinezza di Leonardo da Vinci (1452-1482)* [Pesquisas e documentos sobre a juventude de Leonardo da Vinci (1452-1482)]. Nápoles, 1900. (44, 53, 66, 67, 108)

Solmi, E. *Leonardo da Vinci.* Trad. E. Hirschberg. Berlim, 1908. (49, 54, 95, 98-99)

______. "La resurrezione dell' opera di Leonardo". *In: Conferenze Fiorentine.* Milão, 1910, p. 1. (44, 57, 58, 122)

Vasari, G. *Le vite de' più eccelenti Architetti, Pittore et Scultori Italiani* [A vida dos mais excelentes arquitetos, pintores e escultores italianos]. Florença, 1550. (2. ed., 1568; editada por Poggi, Florença, 1919.) [Ed. alemã: *Leben der ausgezeichnetsten Maler, Bildhauer und Baumeister.* Trad. L. Schorn. Stuttgart, 1843.] (129, 131, 136)

Vold, J. Mourly. Über den Traum [*Sobre o sonho*]. 2 v. Trad. O. Klemm. Leipzig, 1912. (127)

Sobre a psicogênese de um caso de homossexualidade feminina

Prefácio

À flor da pele

Noemi Moritz Kon e Thiago Majolo

Sobre a psicogênese de um caso de homossexualidade feminina é um daqueles textos de Freud que nos levam aos extremos enquanto leitores: suas ideias mais ousadas e revolucionárias se misturam e, ao mesmo tempo, contrastam com uma certa mentalidade conservadora, consonante com ideais patriarcais da época, fazendo-nos pendular entre a admiração pelo seu gênio e a reprovação por ele reafirmar certos aspectos retrógrados de sua teoria e de sua prática clínica.

Escrito em 1920, mesmo ano em que publicou o seminal *Além do princípio de prazer*, no qual propõe de forma acabada uma nova teoria das pulsões, o texto que temos em mãos, na tradução cuidadosa de Renato Zwick, apresenta o caso de uma jovem de dezoito anos, "bonita e inteligente", segundo a descrição de Freud, que é levada ao psicanalista por seus pais para se curar de sua homossexualidade. Em linha gerais, sua história gira em torno do apaixonamento da moça por uma mulher dez anos mais velha, que não lhe dá atenção e para a qual ela não tem qualquer pudor em demonstrar seu afeto, mesmo em público, o que acarreta vergonha a seus pais. Ao não ver seu amor correspondido, a moça tenta o suicídio, atirando-se nos trilhos de um trem. Após essa tentativa malsucedida, seus pais resolvem não mais se opor declaradamente ao seu amor, mas a encaminham à análise a fim de solucionar o que viam como um distúrbio de sua sexualidade.

A primeira constatação de Freud acerca da jovem – dando continuidade à afirmação de sua beleza e inteligência – é de que ela não apresentava qualquer doença a ser tratada e que o tratamento, por se configurar como uma demanda dos pais, correria sérias dificuldades. Como a psicanálise poderia curar algo que não está lá? E como poderia se dar um tratamento baseado na demanda de outros, e não da analisanda?

Essas constatações de Freud são, talvez, a parte mais inspirada do relato clínico do caso. Descrever a moça como bela, inteligente e saudável é, por si só, uma revolução à época no trato com a homossexualidade, especialmente a feminina. Podemos enxergar, ainda assim, certo machismo no comentário de Freud. Mas principalmente, considerando a época e o contexto do desenvolvimento da teoria psicanalítica, o que ele parece querer demonstrar aqui é uma certa normalidade da jovem, positivando suas características físicas e intelectuais e, assim, afastando sua sexualidade (então escandalosa) da ideia de uma doença. Para Freud, isso era fundamental para que ele pudesse comprovar que, entre a dita "normalidade" e a patologia, havia muito mais de um continuum do que de diferença, e que a dimensão do sexual em cada pessoa corresponderia, também, a regras universais a todos. O que Freud diz a seus contemporâneos é: a homossexualidade feminina não é manifestação de doença, de patologia, de degenerescência nem, tampouco, de estereótipos de mulheres embrutecidas, de intelecto pobre, de personagens grotescas e desagradáveis. Ou seja, Freud reafirma que o desejo homossexual não se manifesta por falta de oportunidades e qualificações para um casamento; a homossexualidade é um dos infinitos caminhos lícitos de satisfação do desejo humano.

Ainda assim, Freud aceita a jovem em tratamento, justificando que, se bem feita, sua terapia poderia devolver a ela uma plena função bissexual, ou seja, reabrir o caminho restringido em direção ao outro sexo – o que, salienta o psicanalista, seria também uma boa consequência da análise de um heterossexual. Era na difícil relação da moça com o pai que Freud enxergava uma certa barreira para o desenvolvimento de sua libido, e sobre esse conflito a análise deveria se focar.

A análise, porém, não teve o efeito esperado por Freud e foi interrompida antes que ele chegasse ao objetivo que almejava, ou seja, a reabertura do caminho libidinal da moça frente aos homens e sua independência quanto ao analista. Foi este quem interrompeu a análise, sugerindo que a moça procurasse uma analista mulher. E esta parece ser a chave para entrarmos na segunda camada de leitura deste texto: a camada em que podemos questionar parte da teoria de Freud sobre a homossexualidade, atentando-nos à narrativa por ele feita de sua prática clínica.

A homossexualidade sempre lhe interessara. E não poderia ser diferente. Para desenvolver sua teoria da libido e desenhar os mapas das aventuras que as pulsões sexuais traçam em nossas histórias e nossos corpos, Freud teria que se haver com todos os tipos de manifestação da sexualidade e de vias de busca de prazer, procurando se despojar de seus preconceitos, abrindo-se, sem intolerância, à infinidade de expressões da sexualidade humana. Desde os *Três ensaios de teoria sexual* (1905), ele passara a pesquisar a sexualidade infantil, a sexualidade perverso-polimorfa, que seria, grosso modo, a maneira pela qual as crianças exploram seus corpos e os de outros, o mundo com seus objetos de interesses a partir de uma miríade de formas sem grande influência da censura civilizatória, e que definirá a matriz de toda e qualquer exteriorização da sexualidade adulta. Em seu longo e sinuoso processo de desenvolvimento, a aventura da libido é repleta de obstáculos, desvios, regressões e, também, avanços, tendo por horizonte a dissolução do Complexo de Édipo. Na teoria freudiana, é por meio desse turbulento processo que a libido constrói seus modos de satisfação e escolhe seus objetos sexuais, tendo como contexto a dedicação afetiva recebida (ou não), o meio em que o sujeito está inserido e as relações com os pais, cuidadores e irmãos – relações sempre mediadas pela cultura e pela sociedade.

Na concepção freudiana, a libido sofreria um processo de inversão no caso da homossexualidade, ou seja, a libido antes destinada ao sexo oposto se voltaria a uma pessoa do mesmo sexo. À época, o costume linguístico adquirido da psiquiatria adotava o termo “invertido” para designar homossexuais, o que certamente deu ensejo para que Freud usasse, como era seu hábito, essa palavra corrente para construir uma teoria apoiada tanto na linguagem científica quanto na popular, e assim ampliá-la e, quiçá, subvertê-la.

Essa concepção de uma libido naturalmente destinada ao sexo oposto (e invertida na homossexualidade) seria, por si só, ponto de múltiplas controvérsias para a psicanálise contemporânea. Afinal, uma profusão de importantes estudos sobre questões de orientação e identidade sexual e de gênero foram trazidas por teorias feministas – que há séculos criticam a naturalização das diferenças entre os sexos – e pelas comunidades LGBTQIA+ que, a partir da década de 1980, rompem com a ideia do binarismo sexual. Os estudos mais recentes dessas áreas desvinculam o conceito de sexo (dado como natural) do de gênero (em sua montagem histórico-social), implodindo os modelos fixados pela heterossexualidade e pela monogamia normativas. Tais modelos seriam tão somente arranjos familiares ideologicamente desejáveis, mas que encobrem, nessa suposta universalidade, idealizações ligadas à burguesia colonizadora europeia e ao desenvolvimento do capitalismo.

Essas já não tão novas concepções interrogam a teoria freudiana e exigem que ela reassuma seu viés mais revolucionário, mais libertário, convocando as forças da sexualidade como abertura para possibilidades múltiplas de expressão e de busca por satisfação sexual. É justamente essa sexualidade, denominada por Freud como "perverso-polimorfa" – a sexualidade de nossos primeiros anos de infância –, que será transformada em potência para o estabelecimento dos pactos civilizatórios estabelecidos por meio do que na psicanálise chamamos de castração (a necessária renúncia a uma satisfação narcísica, que deve ser transformada criativamente em uma satisfação junto ao outro e que leva em conta e é atravessada pela cultura, formatada e sustentada pela Lei).

É Freud quem, ao final do texto, indaga sobre o que poderia ser considerado inato e o que poderia ser considerado adquirido quando refletimos acerca do sexual – abrindo ainda mais o campo já pantanoso para teorias sobre o caráter inato de condições psíquicas.

Importante ainda destacar aqui um ponto crucial que se apresenta em toda a teorização freudiana e que, nesse texto, parece pôr em questão o próprio tratamento a que Freud se propõe. O falocentrismo freudiano – sua teoria centrada no binarismo ter/não ter pênis – relegava às mulheres a condição psíquica inelutável de invejosas do falo, ou invejosas de uma potência que adviria do que (supostamente) define o universo masculino. É claro que o falo, como representação simbólica da superioridade e da força, não se confunde com o pênis, órgão sexual do homem. Grosso modo, o falo se definiria como uma relação do sujeito com a falta ou a ameaça da perda do pênis ou de uma potência subjetiva. Assim, a teoria sexual freudiana não é tão simplória como, por vezes, o fazem parecer certos críticos da psicanálise, mas certamente está presente nesse seu texto algo que costuma ser recorrente em sua obra, a saber: a noção de um masculino identificado com a atividade, com o poder, com a potência, com aquilo que seria desejado e que teria, como contraparte, o feminino, estabelecido como passividade, como desejo do poder e da potência que está presente ou que apenas pode ser doada pelo outro. Tal ideia está bem representada por Freud no lugar simbólico que um filho teria para a mulher – principalmente um filho homem, portador de um pênis –, que se tornaria o maior e mais completo objeto de amor a que a mulher poderia, supostamente, aceder.

Ora, toda uma outra dimensão da conflitiva e da dinâmica familiar deveria também participar da interpretação lançada por Freud. Nesse caso, Freud centralizaria sua interpretação do conflito da jovem não na relação da paciente com seu pai, mas sim no vértice da relação amor/ódio com a mãe. Essa relação primeira, pautada num jogo intenso de identificações amorosas e rivalidades, fora deslocada para a dama de má fama, mas, originalmente, dizia respeito ao vínculo entre a jovem e sua própria mãe, uma mulher também jovem, sensual e potente, capaz de seduzir homens e gerar novos filhos.

O leitor verá, pela pena de Freud, uma leitura clínica bem articulada a partir da dimensão acima exposta. A jovem teria se identificado com a mãe e desejado ela mesma se tornar mãe – coisa que o pai ou, posteriormente, outro homem poderia lhe oferecer. Mas eis que sua mãe engravida e a moça então, retraída em seu desejo, sentindo-se fracassada frente à mãe rival, busca na homossexualidade uma dupla satisfação substitutiva: de um lado, apaixona-se por mulheres maduras (ou seja, supostas mães), como a mulher amada que lhe nega o afeto e com quem mantém uma relação terna, quase pueril, sem chegar a uma verdadeira relação sexual; e, por outro lado, afasta-se dos homens, especialmente do pai, castigando-o com a ojeriza que sua homossexualidade provoca nele.

Com essa interpretação da história libidinal da jovem em mãos, Freud diz perceber que, na relação transferencial com ele, a paciente certamente passaria a tentar convencê-lo de que gostaria de se "curar" da sua homossexualidade simplesmente para depois frustrá-lo, como fizera com o pai. Assim, ele interrompe a análise e a encaminha para uma terapeuta mulher. Talvez essa atitude recalcitrante de Freud merecesse que utilizássemos sua própria teoria para atualizar a psicanálise e, com alguma ousadia, retificar o entendimento do vínculo transferencial que ocorria entre o psicanalista e a analisanda. Vejamos.

É Freud quem escreve no texto duas coisas importantes e que passam despercebidas por ele no tratamento da moça: a primeira é que a homossexualidade feminina parece menos ruidosa do que a masculina; e a segunda é o quanto a jovem sempre tentava, ainda que em vão, agradar os pais, estando disposta até mesmo à cura de algo que não seria uma doença. Talvez, e podemos pensar nisso a posteriori, o que essa moça procurava também em Freud fosse apenas reconhecimento, um lugar no qual pudesse falar, a despeito de estar ou não agradando seu analista, a sociedade, os pais, um pai; um lugar em que pudesse falar e fazer ruído, fugir do silêncio envergonhado e abrir caminho para sua sexualidade, qualquer que fosse.

Seu silêncio estava manifesto numa sexualidade constrangida, destinada a amar ternamente um amor que parecia impossível e que – por mais despudorado que parecesse aos olhos dos pais, e talvez mesmo aos de Freud – manifestava-se como um amor platônico, quase infantil. Ter alguém que a reconhecesse certamente não iria transformar a sociedade da época, mas talvez lhe permitisse conceber novos meios para ser vista e recebida como uma mulher adulta desejante. Sua tentativa de suicídio, feita de forma pública e quase teatral, se reconhecida como uma legítima ainda que desesperada enunciação de seu desejo (e não apenas como destino final e patológico), talvez lhe permitisse articular possibilidades para viver sua sexualidade, mesmo frente à sociedade e aos preconceitos de época. A tentativa de suicídio brota como intensa denúncia do recalcamento de sua sexualidade, denúncia que se faz em ato de agressão a seu próprio corpo.

Freud defendia a abstinência no tratamento, o que consiste que o analista não responda aos pedidos, às perguntas e demandas dos analisandos quando colocam o analista no lugar de oráculo, decifrador de enigmas ou portador de respostas. Caso assim fosse, a análise se tornaria apenas um jogo de sugestão e identificação entre a dupla. Essa abstinência tinha por intenção a busca ativa dos pacientes por suas próprias resoluções, por meio da retomada dos conflitos psíquicos mal-resolvidos, e, consequentemente, a reinserção deles na cena analítica, o que permitiria a construção de novas saídas para seus conflitos e padecimentos. Assim, se a moça procurava "frustrá-lo" ao se legitimar como homossexual, por que não a acolher em análise simplesmente para que ela pudesse, enfim, perceber que não devia nada nem a ele, nem à sociedade, tampouco aos pais; que seu desejo era algo concernente apenas a ela e poderia ser assumido em sua integridade?

São, talvez, as limitações da época, a que o psicanalista também estaria sujeito; embora seja também por meio de sua pena que hoje somos capazes de alcançar outras compreensões a respeito das vicissitudes do desenvolvimento psicossexual do humano.

Em 2004, veio a público a história da jovem chamada nos meios psicanalíticos de Sidonie C. Seu nome verdadeiro era Margarethe Csonka-Trautenegg, uma mulher de origem judia, nascida em 1900 e falecida em 2000. Sua trajetória posterior aos eventos narrados por Freud foi contada numa biografia intitulada *Desejos secretos: a história de Sidonie C., a paciente homossexual de Freud* (2008). Margarethe tentou ainda outras duas vezes o suicídio e teve uma vida amorosa, ao que parece, pouco frutífera. Em seus relatos recuperados pelas biógrafas Ines Rieder e Diana Voigt, Margarethe conta que perdeu a virgindade aos 31 anos, num casamento com um homem por quem sentia repulsa. Há apenas um relato de um encontro sexual com a dama amada, muitos anos mais tarde.

Podemos imaginar que, se Freud não se sentisse ameaçado pela manifestação da sexualidade da paciente, talvez tivesse podido auxiliá-la na fundação de uma sexualidade mais saudável, mais aberta, mais curiosa, também aberta aos homens, em relações que não estariam destinadas a satisfazer as supostas expectativas das figuras masculinas, numa resolução do Complexo de Édipo tal como previsto pela psicanálise freudiana. Para tanto, Freud precisaria assumir uma posição de não ser ele – um homem – necessariamente objeto de interesse sexual da jovem, de modo a não experimentar a frustração pelas escolhas por ela afirmadas, escolhas que não se coadunavam a certos modelos universalizantes do desenvolvimento psicossexual estabelecidos por sua teoria. Afinal, se a homossexualidade não era, no dizer do próprio Freud, uma doença, por que ele se sentiria frustrado por sua paciente abraçar essa orientação?

Mas, então, estaríamos falando de uma psicanálise que somente pôde se desenvolver em tempos posteriores, também em função da herança, das hesitações e das aberturas oferecidas pela obra deste grande pensador. Podemos apenas zelar para que nós psicanalistas, herdeiros de Freud, aprendamos com seus legados e nos mantenhamos atentos na sustentação da potência disruptiva aberta pela ideia de sexualidade infantil, justamente o que canta o grande poeta:

> O que será que me dá
> Que me bole por dentro, será que me dá
> Que brota à flor da pele, será que me dá
> E que me sobe às faces e me faz corar
> E que me salta aos olhos a me atraiçoar
> E que me aperta o peito e me faz confessar

O que não tem mais jeito de dissimular
E que nem é direito ninguém recusar
[...]
O que não tem receita...

Chico Buarque, "O que será (À flor da pele)"

Bibliografia

FREUD, Sigmund. *Três ensaios sobre a teoria da sexualidade* (1905). *In: Obras completas.* Trad. Paulo César de Souza. v. 6. São Paulo: Companhia das Letras, 2016.

_____. *Além do princípio do prazer.* Trad. Renato Zwick. Porto Alegre: L&PM, 2016.

RIEDER, Ines; VOIGT, Diana. *Desejos secretos: a história de Sidonie C., a paciente homossexual de Freud.* Trad. Laura Barreto. São Paulo: Cia das Letras, 2008.

Sobre a psicogênese de um caso de homossexualidade feminina

Capítulo I

A homossexualidade feminina, por certo não menos frequente do que a masculina, mas muito menos ruidosa, não foi só ignorada pelo código penal, mas também negligenciada pela investigação psicanalítica. Por isso, a comunicação de um único caso, não demasiado gritante, no qual foi possível discernir a história de sua origem psíquica quase sem lacunas e com plena segurança, pode reivindicar um certo direito à atenção. Se a exposição traz apenas os contornos mais gerais dos acontecimentos e os conhecimentos obtidos a partir do caso, omitindo todos os pormenores característicos sobre os quais repousa a interpretação, essa restrição é facilmente explicável devido à discrição médica exigida por um caso recente.

Uma moça de dezoito anos, bonita e inteligente, oriunda de uma família de alta posição social, despertou o desagrado e a preocupação de seus pais graças à ternura com que persegue uma dama "da sociedade" cerca de dez anos mais velha. Os pais afirmam que essa dama, apesar de seu nome nobre, não é mais do que uma cocote. Eles alegam saber que ela mora na casa de uma amiga casada com quem mantém relações íntimas, enquanto se encontra ao mesmo tempo em relações amorosas pouco sérias com alguns homens. A moça não contesta essa má reputação, mas não deixa que esta perturbe sua veneração por ela, embora de modo algum lhe falte o senso do que é decente e limpo. Nenhuma proibição e nenhuma vigilância a impedem de aproveitar cada uma das escassas oportunidades de estar junto com a amada, de esquadrinhar todos os seus hábitos, de esperar por ela durante horas a fio em frente ao portão de sua casa ou em paradas de bonde, mandar-lhe flores etc. É evidente que esse único interesse devorou na moça todos os outros. Ela não se preocupa em prosseguir seus estudos, não dá valor a relações sociais e diversões de moça, mantendo apenas o contato com algumas amigas que possam lhe servir de confidentes ou ajudantes. Os pais não sabem até que ponto chegaram as coisas entre a filha e aquela dama duvidosa, e se já foram ultrapassados os limites de uma terna exaltação. Eles nunca perceberam na moça interesse por homens jovens nem agrado com as homenagens destes; em contrapartida, têm clareza quanto ao fato de essa inclinação atual por uma mulher apenas prosseguir em grau intensificado o que se anunciara nos últimos anos por outras pessoas do sexo feminino e que despertara tanto a suspeita quanto a severidade do pai.

Dois aspectos de seu comportamento, em aparência opostos entre si, eram os mais fortemente levados a mal pelo pais. O fato de não ter escrúpulos em se mostrar publicamente em ruas movimentadas com a amada de má fama, negligenciando assim a consideração por sua própria reputação, e o fato de não desdenhar qualquer expediente de logro, qualquer desculpa e qualquer mentira que pudessem possibilitar e ocultar os encontros com ela.

Ou seja, demasiada franqueza num caso e a mais completa dissimulação no outro. Certo dia, aconteceu o que nessas circunstâncias afinal acabaria por ocorrer, a saber, o pai encontrar a filha na rua em companhia daquela dama, de quem tomara conhecimento. Ele passou pelas duas com um olhar furioso que não anunciava nada de bom. Logo depois, a moça se livrou da situação e se jogou por cima do muro no trecho de ferrovia que passava ali perto. Ela expiou essa tentativa de suicídio, indubitavelmente levada a sério, com um longo período acamada, mas, felizmente, com pouco dano permanente. Após a recuperação, ela encontrou a situação mais favorável a seus desejos do que antes. Os pais não ousavam mais opor-se a ela com a mesma resolução, e a dama, que até então se comportara de modo frio e avesso à corte, ficou comovida com uma prova tão inequívoca da mais séria paixão e começou a tratá-la de maneira mais afável.

Cerca de meio ano após esse acidente, os pais dirigiram-se ao médico e lhe colocaram a tarefa de trazer a filha de volta à norma. A tentativa de suicídio da moça por certo lhes mostrara que os meios de poder da disciplina doméstica não eram capazes de dar conta do distúrbio em questão. No entanto, é bom tratar separadamente aqui a postura do pai e a da mãe. O pai era um homem sério, respeitável, no fundo muito terno, um tanto afastado dos filhos devido à adquirida severidade. O comportamento dele em relação à única filha mulher foi demasiado determinado por considerações pela esposa, mãe dela. Quando tomou conhecimento das tendências homossexuais da filha, ele inicialmente se enfureceu e quis reprimi-las com ameaças; pode ser que então ele tenha oscilado entre diversas concepções, igualmente penosas, sobre se devia ver nela uma criatura viciosa, degenerada ou mentalmente doente. Mesmo após o acidente, ele não conseguiu elevar-se à altura daquela resignação superior que um de nossos colegas de medicina, por ocasião de um passo em falso um tanto semelhante em sua própria família, expressou com esta fala: "É simplesmente uma desgraça como qualquer outra!". A homossexualidade da filha tinha algo que despertava sua mais completa exasperação. Ele estava decidido a combatê-la com todos os meios; o menosprezo pela psicanálise, tão disseminado em Viena, não o impediu de voltar-se a ela em busca de ajuda. Se esse caminho fracassasse, ele ainda tinha de reserva o antídoto mais forte; um rápido casamento despertaria os instintos naturais da moça e sufocaria suas inclinações antinaturais.

A atitude da mãe da moça não era tão fácil de discernir. Era uma mulher ainda jovem que evidentemente não queria renunciar à pretensão de agradar, ela própria, pela beleza. Apenas era claro que não tomava de maneira tão trágica a exaltação de sua filha e de modo algum se indignava tanto a respeito quanto o pai. Por longo tempo, inclusive gozara da confiança da moça no que dizia respeito a seu apaixonamento por aquela dama; sua tomada de partido contra isso parecia essencialmente determinada pela franqueza danosa com que a filha anunciava seus sentimentos diante do mundo inteiro. Ela própria fora neurótica por vários anos, desfrutava de grande consideração por parte de seu marido, tratava os filhos de modo bastante desigual, era no fundo dura com a filha e excessivamente terna com seus três meninos, dos quais o mais novo era um temporão que ainda não completara três anos. Não era fácil saber fatos mais definidos sobre seu caráter, pois, em decorrência de motivos que só mais tarde poderão ser compreendidos, os dados da paciente sobre a mãe sempre observavam uma reserva que não ocorria no caso do pai.

O médico que deveria assumir o tratamento analítico da moça tinha várias razões para sentir-se desconfortável. Ele não encontrava a situação que a análise requer e na qual, tão somente, pode provar sua eficácia. Em sua conformação ideal, como se sabe, essa situação se mostra no fato de alguém, que normalmente é senhor de si, padecer de um conflito interior que não é capaz de levar a cabo sozinho, ir então ao analista, queixar-se a respeito para ele e solicitar-lhe sua ajuda. Então o médico trabalha de mãos dadas com uma parte da personalidade patologicamente dividida e contra o outro membro do conflito. Outras situações que não essa são mais ou menos desfavoráveis à análise e adicionam novas dificuldades às dificuldades internas do caso. Situações como a do proprietário que encomenda ao arquiteto uma vila segundo seu gosto e sua necessidade, ou a do piedoso doador que manda o artista pintar uma imagem de santo em cujo ângulo seu próprio retrato encontra lugar como adorador, não são no fundo compatíveis com as condições da psicanálise.

É verdade que acontece todos os dias que um marido se dirija ao médico com esta informação: "Minha mulher é nervosa, por isso ela não se dá bem comigo; torne-a saudável de modo que possamos outra vez ter um casamento feliz". Porém, com bastante frequência se verifica que tal incumbência é irrealizável, isto é, que o médico não pode produzir o resultado devido ao qual o marido desejava o tratamento. Tão logo a mulher tenha se libertado de suas inibições neuróticas, ela impõe a dissolução do casamento, cuja conservação só era possível sob o pressuposto de sua neurose. Ou então pais solicitam que se restitua a saúde do filho, nervoso e desobediente. Eles entendem por filho saudável aquele que não causa dificuldades aos pais, aquele com quem possam se alegrar. O médico pode ser bem-sucedido em restabelecer o filho, mas, após a convalescença, ele segue seus próprios caminhos com resolução tanto maior, e os pais ficam então muito mais insatisfeitos do que antes. Em suma, não é indiferente que uma pessoa venha à análise por empenho próprio ou porque outras a levam a isso, que ela própria deseje sua mudança ou apenas seus familiares, que a amam ou dos quais se deveria esperar tal amor.

Cabia avaliar como fatores desfavoráveis adicionais os fatos de a moça não ser afinal uma doente – ela não sofria por motivos interiores, não se queixava sobre seu estado – e de a tarefa colocada não consistir em resolver um conflito neurótico, e sim em levar de uma variante da organização genital sexual à outra. Essa operação – a eliminação da inversão genital ou homossexualidade –

nunca pareceu fácil a minha experiência. Pelo contrário, vi que ela só é bem-sucedida sob circunstâncias especialmente favoráveis e, mesmo nesses casos, o êxito consistiu essencialmente em abrir à pessoa homossexualmente restringida o caminho ao outro sexo, até então bloqueado, ou seja, restabelecer sua plena função bissexual. Ficou então a critério dela deixar o outro caminho, proscrito pela sociedade, obliterar-se, e em alguns casos ela também o fez. É preciso dizer a si mesmo que a sexualidade normal também repousa numa restrição da escolha de objeto, e, em geral, o empreendimento de transformar um homossexual completamente desenvolvido num heterossexual não é muito mais auspicioso do que o contrário, apenas que, por boas razões práticas, nunca se tenta este último.

Os êxitos da terapia psicanalítica no tratamento da homossexualidade, sem dúvida bastante multiforme, não são realmente significativos quanto ao número. Em regra, o homossexual não é capaz de abandonar seu objeto de prazer; não se consegue convencê-lo de que reencontrará no outro objeto, em caso de transformação, o prazer a que renuncia em relação ao primeiro. Quando se coloca em tratamento, na maioria das vezes ele foi forçado por motivos exteriores – as desvantagens sociais e os perigos de sua escolha de objeto –, e tais componentes do impulso[1] de autoconservação revelam-se fracos demais na luta contra as aspirações sexuais. Então logo se pode descobrir o seu plano secreto de obter pelo estrondoso

1. Salvo indicação em contrário, "impulso" sempre traduz o termo *Trieb*. (N.T.)

fracasso dessa tentativa a tranquilização de que fez todo o possível quanto a sua constituição específica, podendo então entregar-se a ela com a consciência tranquila. O caso é um tanto diferente quando a tentativa de cura foi motivada pela consideração a pais e familiares amados. Então realmente existem aspirações libidinosas que podem liberar energias opostas à escolha homossexual de objeto, mas sua força raramente basta. Só quando a fixação no objeto do mesmo sexo ainda não se tornou forte o bastante, ou quando existem consideráveis inícios e restos da escolha heterossexual de objeto – ou seja, no caso de uma organização ainda vacilante ou nitidamente bissexual –, é que o prognóstico da terapia psicanalítica pode ser mais favorável.

Por essas razões, evitei deixar os pais com qualquer expectativa da realização de seu desejo. Apenas me declarei disposto a estudar a moça cuidadosamente por algumas semanas ou meses para depois poder me manifestar a respeito das perspectivas de uma influência mediante prosseguimento da análise. Num bom número de casos, afinal, a análise se decompõe em duas fases nitidamente distintas; numa primeira fase, o médico obtém os necessários conhecimentos do paciente, apresenta-lhe os pressupostos e postulados da análise, e desenvolve diante dele a construção da origem de seu padecer, à qual ele se julga autorizado com base no material fornecido pela análise. Numa segunda fase, o próprio paciente se apodera do material que lhe é apresentado, trabalha nele, recorda o que consegue recordar do que há em si de supostamente recalcado e procura repetir o resto numa espécie de revivescência. Nisso ele pode confirmar, complementar e retificar as afirmações do médico. Apenas durante esse trabalho ele experimenta, pela superação de resistências, a mudança interior que se pretende atingir e adquire as convicções que o tornam independente da autoridade médica. Nem sempre essas duas fases são nitidamente separadas uma da outra no curso do tratamento analítico; isso só pode ocorrer quando a resistência observa determinadas condições. Mas, quando é o caso, pode-se invocar a comparação com as duas partes de uma viagem. A primeira abrange todas as preparações necessárias, hoje tão complicadas e difíceis de realizar, até que enfim a pessoa tenha comprado a passagem, pisado na plataforma e conquistado seu lugar no vagão. Agora ela tem o direito e a possibilidade de viajar ao país distante, mas, depois de todos esses trabalhos prévios, ainda não está lá, no fundo não se aproximou da meta sequer um quilômetro. Ainda se requer que ela faça a viagem propriamente dita de uma estação a outra, e essa parte da viagem bem pode ser comparada com a segunda fase.

A análise de minha atual paciente transcorreu segundo esse esquema bifásico, mas não foi levada além do começo da segunda fase. Apesar disso, uma constelação particular da resistência possibilitou adquirir a plena confirmação de minhas construções e uma compreensão no geral suficiente do curso de desenvolvimento da inversão dela. Porém, antes de expor os resultados dessa análise, preciso liquidar alguns pontos que ou eu mesmo já toquei, ou se impuseram ao leitor como os primeiros objetos de seu interesse.

Fiz o prognóstico depender em parte do quanto a moça fora longe na satisfação de sua paixão. A informação que obtive durante a análise parecia favorável nesse aspecto. Com nenhum dos objetos de sua exaltação ela gozara mais do que de alguns beijos e abraços; sua castidade genital, se é que se pode dizer assim, ficara intacta. Inclusive a dama do *demi-monde*, que despertara nela os mais recentes e de longe mais fortes sentimentos, mantivera-se fria em relação a ela, jamais lhe concedera um favor maior do que permitir que lhe beijasse a mão. A moça provavelmente fez de sua necessidade uma virtude quando ressaltava vez após outra a pureza de seu amor e sua aversão física a uma relação sexual. No entanto, talvez ela não estivesse inteiramente errada ao enaltecer sua sublime amada pelo fato de esta, de origem nobre e compelida à posição em que então se encontrava apenas devido a relações familiares adversas, ter conservado mesmo aí um bom quinhão de dignidade. Pois a cada encontro essa dama costumava exortá-la a afastar sua inclinação dela e das mulheres em geral e, até a tentativa de suicídio, sempre se portara em relação a ela de um modo rigorosamente avesso.

Um segundo ponto, que logo tentei esclarecer, referia-se aos motivos próprios da moça, sobre os quais o tratamento analítico talvez pudesse se apoiar. Ela não tentou me enganar com a afirmação de que era-lhe uma necessidade premente ser libertada de sua homossexualidade. Ao contrário, ela não conseguia imaginar qualquer outro tipo de apaixonamento, mas, acrescentou, por causa dos pais ela pretendia apoiar honestamente a tentativa terapêutica, pois sentia muito causar-lhes tal desgosto. De início, também tive de compreender essa declaração como favorável; eu não podia suspeitar qual atitude inconsciente de afetos se ocultava por trás dela. O que mais tarde veio à luz influenciou decisivamente a configuração do tratamento e sua prematura interrupção.

Leitores não analistas estarão aguardando há muito, com impaciência, a resposta a duas outras perguntas. Mostrava essa moça homossexual características somáticas evidentes do outro sexo? E revelou-se ela como um caso de homossexualidade inata ou adquirida (posteriormente desenvolvida)?

Não ignoro a importância que cabe à primeira pergunta. Só que não se deve exagerar essa importância e, em seu favor, obscurecer o fato de características secundárias isoladas do outro sexo ocorrerem com bastante frequência em indivíduos humanos normais e de características somáticas bem marcadas do outro sexo poderem ser encontradas em pessoas cuja escolha de objeto não sofreu qualquer modificação no sentido de uma inversão. Ou seja, expresso de outro modo, o fato de em ambos os sexos *a medida do hermafroditismo físico ser em alto grau independente da do psíquico*. Como restrição das duas afirmações, cabe acrescentar que essa independência é mais nítida no homem do que na mulher, na qual as manifestações físicas e as psíquicas do caráter sexual oposto coincidem de modo mais regular. No entanto, não estou em condições de responder satisfatoriamente nesse meu caso à primeira das questões aqui colocadas. Afinal, em certos casos, o psicanalista costuma se abster de um exame físico pormenorizado de seus pacientes. De qualquer modo, não havia um desvio chamativo em relação ao tipo físico da mulher, tampouco qualquer distúrbio menstrual. Se a moça bonita e bem formada tinha a estatura elevada do pai e traços faciais angulosos em vez de femininamente suaves, pode-se ver nisso indicações de uma masculinidade somática. Algumas de suas qualidades intelectuais também podiam ser relacionadas à natureza masculina, como a agudeza de seu entendimento e a fria clareza de seu pensamento, na medida em que não estivesse sob o domínio de sua paixão. Contudo, essas distinções são antes convencionais do que cientificamente justificadas. Por certo é mais importante que, em seu comportamento com o objeto amoroso, ela adotara completamente o tipo masculino, ou seja, mostrava a humildade e a grandiosa supervalorização sexual do homem que ama, a renúncia a toda satisfação narcísica, a predileção por amar frente a ser amado. Ou seja, ela não só escolhera um objeto feminino, mas também adotara uma posição masculina em relação a ele.

A outra questão, sobre se seu caso correspondia a uma homossexualidade inata ou a uma adquirida, deverá ser respondida por toda a história de desenvolvimento de sua perturbação. Nisso, veremos em que medida a própria questão é infrutífera e inapropriada.

Capítulo II

A uma introdução tão prolixa, só posso fazer seguir uma exposição bem concisa e abrangente da história libidinal desse caso. Nos anos de infância, a menina passara de maneira pouco chamativa pela atitude normal do complexo de Édipo feminino,[1] e mais tarde também começou a substituir o pai pelo irmão, um pouco mais velho que ela. Traumas sexuais da primeira infância não foram recordados nem descobertos pela análise. A comparação dos genitais do irmão com os próprios, que ocorreu mais ou menos no começo do período de latência (aos cinco anos ou um pouco antes), deixou-lhe uma forte impressão e podia ser acompanhada amplamente em suas consequências. Havia muito pouco indicando onanismo na primeira infância, ou a análise não foi tão longe para esclarecer esse ponto. O nascimento de um segundo irmão, quando ela tinha entre cinco e seis anos, não mostrou qualquer influência especial sobre seu desenvolvimento. Nos anos de escola e da pré-puberdade ela se familiarizou pouco a pouco com os fatos da vida sexual e os recebeu com a mistura de volúpia e rejeição apavorada que cabe chamar de normal e que tampouco teve intensidade exagerada. Todas essas informações pa-

1. Não vejo avanço ou vantagem na introdução do termo "complexo de Electra" e não pretendo recomendá-lo.

recem bastante magras, e tampouco posso garantir que sejam completas. Talvez a história da juventude tenha sido muito mais substanciosa; não sei. A análise, segundo foi dito, interrompeu-se pouco tempo depois e por isso ofereceu uma anamnese não muito mais confiável do que as outras anamneses de homossexuais, contestadas com bom motivo. A moça também nunca foi neurótica, não trouxe nenhum sintoma histérico para a análise, de modo que os ensejos para investigar sua história de infância não puderam se apresentar tão prontamente.

Com treze e catorze anos, ela mostrou uma terna predileção, exageradamente forte segundo o juízo de todos, por um menininho que ainda não completara três anos e que podia ver regularmente num parque infantil. Ela se interessou tão efusivamente pela criança que disso surgiu uma relação de amizade com os pais do pequeno que perdurou por longo tempo. Desse acontecimento, pode-se concluir que na época ela era dominada por um forte desejo de ser mãe ela própria e ter um filho. No entanto, pouco tempo depois o garoto tornou-se indiferente para ela, e ela começou a mostrar um interesse por mulheres maduras, porém ainda jovens, interesse cujas manifestações logo lhe trouxeram um doloroso castigo por parte do pai.

Foi assegurado acima de qualquer dúvida que essa mudança coincide cronologicamente com um acontecimento na família, do qual, por conseguinte, podemos esperar o esclarecimento para a mudança. Antes, sua libido estava orientada à maternidade; depois, ela era uma homossexual apaixonada por mulheres maduras, o que continuou sendo desde então. Esse acontecimento, tão significativo para a nossa compreensão, foi uma nova gravidez da mãe e o nascimento de um terceiro irmão, quando ela tinha mais ou menos dezesseis anos.

A concatenação que revelarei no que segue não é um produto de meus dons de dedução; ela me foi sugerida por material analítico tão confiável que posso reivindicar-lhe certeza objetiva. Decidiu a favor dela, em especial, uma série de sonhos encadeados, facilmente interpretáveis.

A análise permitiu reconhecer de modo inequívoco que a dama amada era uma substituta da... mãe. Porém, a própria dama não era mãe, mas tampouco fora o primeiro amor da moça. Os primeiros objetos de sua inclinação desde o nascimento do último irmão eram realmente mães, mulheres entre trinta e 35 anos, a quem conheceu com seus filhos no veraneio ou nas relações familiares da cidade grande. A condição da maternidade foi abandonada mais tarde, pois não se harmonizava bem na realidade com uma outra, que se tornou cada vez mais importante. A ligação especialmente intensa com a última amada, a "dama", ainda tinha uma outra razão que a moça descobriu certo dia, sem esforço. A aparência esbelta, a beleza severa e a natureza brusca da dama lhe recordaram seu próprio irmão, um pouco mais velho. O objeto por fim escolhido correspondia portanto não apenas a seu ideal feminino, mas também a seu ideal masculino; ele unia a satisfação da orientação homossexual de desejo àquela da heterossexual. Como se sabe, a análise de homossexuais masculinos mostrou a mesma coincidência em numerosos casos, um lembrete para que não se imagine de modo demasiado simples a natureza e a origem da inversão e para que não se perca de vista a bissexualidade universal do ser humano.[2]

No entanto, como se deve compreender que a moça tenha sido levada precisamente pelo nascimento de um filho tardio, quando ela própria já amadurecera e tinha fortes desejos próprios, a dirigir sua ternura passional à genitora desse filho, sua própria mãe, e expressá-la em relação a uma representante da mãe? Segundo tudo o que já se sabe, caberia esperar o contrário. Em tais circunstâncias, as mães costumam ficar constrangidas diante de suas filhas quase núbeis, as filhas têm pronto para a mãe um sentimento que é um misto de compaixão, desprezo e inveja, e que em nada contribui para aumentar a ternura por ela. A moça de nossa observação tinha pouquíssimos motivos para sentimentos ternos pela mãe. Para esta, ela própria uma mulher ainda jovem, essa filha que florescera rapidamente era uma concorrente incômoda; ela a preteriu em favor dos rapazes, restringiu ao máximo sua independência e zelou com dedicação especial para que ela ficasse longe do pai. Assim, a necessidade de uma mãe mais amável pode ter sido desde sempre justificada na moça; porém, não é compreensível por que isso irrompeu naquele momento e sob a forma de uma paixão devoradora.

A explicação é a seguinte: a moça encontrava-se na fase da renovação pubertária do complexo de Édipo

2. Ver I. Sadger, 1914.

infantil quando lhe sobreveio a desilusão. Tornou-se claramente consciente para ela o desejo de ter um filho, mais precisamente um menino; seu consciente não deveria ficar sabendo que precisaria ser um filho do pai e à imagem deste. Mas então aconteceu que não foi ela quem teve o filho, e sim a concorrente odiada no inconsciente, a mãe. Indignada e amargurada, ela se afastou do pai, e até mesmo do homem em geral. Após esse primeiro grande fracasso, ela rejeitou sua feminilidade e aspirou por outra acomodação para sua libido.

Nisso ela se comportou de modo bem parecido ao de muitos homens que, após uma primeira experiência penosa, rompem permanentemente com o sexo infiel das mulheres e se tornam misóginos. De uma das mais atraentes e mais infelizes personalidades principescas de nossa época, conta-se que se tornou homossexual porque a noiva prometida o traiu com um sujeito desconhecido. Não sei se isso é verdade histórica, mas há um fragmento de verdade psicológica por trás desse boato. A libido de todos nós oscila normalmente ao longo da vida entre o objeto masculino e o feminino; o solteiro abandona suas amizades quando se casa e volta à mesa dos clientes assíduos quando seu casamento perde a graça. No entanto, quando a oscilação é tão radical e tão definitiva, nossa suspeita se dirige a um fator específico que favorece um lado ou outro de modo decisivo e que talvez apenas tenha esperado pelo momento oportuno para impor, de acordo com seu sentido, a escolha de objeto.

Após aquela desilusão, portanto, nossa moça afastou para longe de si o desejo por um filho, o amor ao homem e o papel feminino em geral. E então evidentemente poderiam ter acontecido coisas muito diferentes; o que realmente aconteceu foi o mais extremo. Ela se transformou em homem e tomou a mãe em vez do pai como objeto de amor.[3] Sua relação com a mãe foi certamente ambivalente desde o início; era fácil reanimar o antigo amor por ela e com sua ajuda supercompensar a hostilidade atual. Visto que não havia muito o que fazer com a mãe real, a descrita transposição emocional resultou na busca por uma substituta da mãe à qual pudesse dedicar-se com ternura passional.[4]

Um motivo prático oriundo de suas relações reais com a mãe ainda se juntou como "ganho com a doença". A mãe ainda dava importância ao fato de ser cortejada e celebrada pelos homens. Assim, se ela se tornava homossexual, deixando os homens para a mãe, "cedendo-lhe

3. Não é de modo algum tão raro que alguém termine uma relação amorosa identificando-se com o objeto dela, o que corresponde a uma espécie de regressão ao narcisismo. Depois que isso ocorre, pode-se facilmente, numa nova escolha de objeto, investir com sua libido o sexo oposto ao do objeto anterior.

4. Os deslocamentos da libido aqui descritos são por certo conhecidos de todo analista a partir do exame das anamneses de neuróticos. Porém, no caso destes últimos, tais deslocamentos recaem em tenra idade infantil, na época do primeiro florescimento da vida amorosa; no caso de nossa moça, de forma alguma neurótica, eles se consumam nos primeiros anos após a puberdade, de resto da mesma forma plenamente inconsciente. Será que esse fator cronológico não se revelará um dia como muito significativo?

lugar", por assim dizer, ela tirava do caminho algo que até então fora responsável pelo desagrado da mãe.[5]

5. Visto que tal cedência de lugar não encontrou até agora qualquer menção entre as causas da homossexualidade, bem como no mecanismo de fixação da libido, quero acrescentar aqui uma observação analítica parecida, interessante devido a uma circunstância particular. Certa vez, conheci dois irmãos gêmeos que eram ambos dotados de fortes impulsos [*Impulsen*] libidinosos. Um deles tinha muita sorte com as mulheres e se envolveu em inúmeras relações com mulheres e moças. O outro estava de início no mesmo caminho, mas então tornou-se desagradável para ele entrar no território do irmão, ser confundido com ele em ocasiões íntimas devido à semelhança de ambos, e a saída que achou foi tornar-se homossexual. Ele deixou as mulheres ao irmão e assim "lhe cedeu lugar". Outra vez, tratei um jovem, artista e de constituição inequivocamente bissexual, em quem a homossexualidade se impôs ao mesmo tempo que uma perturbação do trabalho. Ele fugiu a um só tempo das mulheres e de sua obra. A análise, que conseguiu reconduzi-lo a ambos, demonstrou que o medo do pai era o mais poderoso motivo psíquico de ambos os distúrbios, no fundo renúncias. Em sua imaginação, todas as mulheres pertenciam ao pai, e ele se refugiou junto aos homens por submissão, a fim de esquivar-se do conflito com ele. Tal motivação da escolha homossexual de objeto decerto pode ser encontrada com mais frequência; na pré-história do gênero humano provavelmente ocorria que todas as mulheres pertencessem ao pai e chefe da horda primordial. – No caso de irmãos que não são gêmeos, tal cedência de lugar também representa um grande papel em outros âmbitos que não o da escolha amorosa. O irmão mais velho cultiva a música, por exemplo, e encontra reconhecimento por isso; o mais jovem, muito mais dotado musicalmente, logo interrompe os estudos musicais, apesar de seu anseio por segui-los, e não é mais possível levá-lo a tocar num instrumento. Esse é um exemplo isolado de um acontecimento muito frequente, e a investigação (cont.)

A atitude libidinal assim obtida firmou-se quando a moça percebeu o quanto ela era desagradável ao pai. Desde aquele primeiro castigo por causa de uma aproximação demasiado terna a uma mulher, ela sabia como magoar o pai e como vingar-se dele. Ela se manteve homossexual por despeito ao pai. Tampouco tinha qualquer escrúpulo em ludibriá-lo e em mentir-lhe de todas as maneiras. Em relação à mãe, só era insincera até onde necessário para que o pai de nada soubesse. Tive a impressão de que ela agia segundo a lei de talião: "Se me enganaste, tens de aceitar que eu também te engane". Tampouco posso avaliar de outro modo as chamativas imprudências da moça, em geral refinadamente circunspecta. Afinal, vez por outra o pai devia ficar sabendo da relação dela com a dama, caso contrário ela teria deixado escapar a satisfação da vingança, que lhe era a mais premente. Assim, ela cuidou disso ao exibir-se publicamente com a adorada, passear nas ruas próximas ao local de trabalho do pai etc. Essas inabilidades tampouco aconteceram sem propósito. De resto, é notável que ambos os pais se comportavam como se compreendessem a psicologia secreta da filha. A mãe se mostrava tolerante, como se apreciasse como um favor o fato de a filha ceder-lhe lugar, e o pai se enfurecia, como se sentisse a intenção de vingança dirigida contra a sua pessoa.

No entanto, a inversão da moça experimentou seu último reforço quando topou, na "dama", com um objeto que, ao mesmo tempo, oferecia satisfação àquela parte de sua libido heterossexual que ainda aderia ao irmão.

(cont.) dos motivos que levam à cedência de lugar em vez da aceitação da concorrência revela condições psíquicas muito complicadas.

Capítulo III

A exposição linear é pouco apropriada para a descrição de processos psíquicos tortuosos e que transcorrem em distintas camadas psíquicas. Sou forçado a me deter na discussão do caso e a ampliar e aprofundar alguns pontos do que foi comunicado.

Mencionei que em sua relação com a venerada dama a moça adotou o tipo masculino de amor. Sua humildade e terna despretensão, "*che poco spera e nulla chiede*" [que pouco espera e nada pede], a bem-aventurança quando lhe era permitido acompanhar a dama por um trecho e beijar-lhe a mão na despedida, a alegria quando ouvia elogiarem-na como bela, enquanto o reconhecimento de sua própria beleza por parte de desconhecidos não lhe significava absolutamente nada, suas peregrinações a lugares em que a amada alguma vez estivera, o emudecer de todos os desejos sensuais que iam mais longe: todos esses pequenos traços correspondiam aproximadamente à primeira e exaltada paixão de um jovem por uma artista celebrada que ele julga estar muito acima de si e a quem apenas timidamente ousa erguer o olhar. A coincidência com um "tipo de escolha masculina de objeto", por mim descrito, cujas particularidades expliquei pela ligação com a mãe (1910 *h*), ia até os detalhes. Podia parecer notável que ela não se intimidasse sequer minimamente com a má reputação da amada, embora suas próprias observações a convencessem suficientemente da legitimidade dessa difamação. Afinal, ela era no fundo uma moça bem-educada e casta que, quanto a sua própria pessoa, evitara aventuras sexuais e sentia como não estéticas as satisfações grosseiramente sensuais. No entanto, suas primeiras exaltações já diziam respeito a mulheres que não eram elogiadas por suas inclinações a uma moralidade especialmente rigorosa. O primeiro protesto do pai contra sua escolha amorosa fora provocado pela obstinação com que ela se empenhou pelo contato com uma atriz de cinema num lugar de veraneio. Ao mesmo tempo, não se tratava de forma alguma de mulheres com fama de homossexuais e que assim tivessem lhe dado esperança de tal satisfação; antes, ela cortejava de maneira ilógica mulheres coquetes no sentido comum da palavra; rejeitou sem hesitar uma amiga homossexual com a mesma idade dela e que se colocara com a maior solicitude a sua disposição. Porém, a má fama da "dama" era realmente uma condição amorosa para ela, e tudo o que há de enigmático nesse comportamento desaparece se nos recordarmos de que também para aquele tipo masculino de escolha de objeto derivado da mãe existe a condição de que a amada seja de alguma forma "sexualmente suspeita", de que na verdade possa ser chamada de cocote. Quando ela soube mais tarde em que medida essa caracterização era correta para a sua venerada dama e que esta simplesmente vivia da entrega de seu corpo, sua reação consistiu numa grande compaixão e no desenvolvimento de fantasias e propósitos a respeito de como poderia "salvar" a amada dessas condições indignas. Os mesmos empenhos de salvação chamaram nossa atenção nos homens daquele tipo por mim descrito, e, no trecho mencionado, tentei fornecer a derivação analítica desse empenho.

A análise da tentativa de suicídio conduz a regiões bem diferentes da explicação, tentativa que tenho de considerar como séria e que, de resto, melhorou consideravelmente a posição dela tanto junto aos pais como também junto à amada dama. Certo dia, a jovem foi passear com ela numa hora e num lugar em que um encontro com o pai, vindo do escritório, não era improvável. O pai de fato passou por elas e lançou um olhar furibundo para a moça e para a acompanhante, a quem já conhecia. Pouco depois, ela se jogou no fosso da ferrovia. Sua justificativa para as causas imediatas de sua decisão soa bastante plausível. Ela tinha confessado à dama que o senhor que as encarara de modo tão irritado era seu pai, que não queria saber absolutamente nada dessa relação. Então a dama se exaltou, ordenou-lhe que a abandonasse de imediato e que nunca mais a esperasse ou lhe dirigisse a palavra; essa história precisava ter um fim naquele momento. No desespero por ter perdido a amada para sempre, ela quis se matar. Porém, a análise permitiu descobrir uma outra e mais profunda interpretação por trás da sua e sustentá-la por meio de seus próprios sonhos. Além disso, como era de se esperar, a tentativa de suicídio era de natureza dupla: a aplicação de um castigo (autopunição) e a realização de um desejo. Como realização de desejo, ela significava a imposição daquele desejo cuja desilusão a impelira à homossexualidade, a saber, ter um filho do pai, pois agora ela caía [cair = *niederkommen* = dar à luz] por culpa dele.[1] A ligação entre essa interpretação profunda e a interpretação superficial, consciente para a moça, é estabelecida pelo fato de naquele momento a dama ter falado exatamente como o pai e ter decretado a mesma proibição. Como autopunição, a ação da moça nos garante que ela desenvolvera em seu inconsciente intensos desejos de morte em relação a um ou a outro dos pais. Talvez por sede de vingança contra o pai que atrapalhava seu amor, mas, ainda mais provavelmente, também contra a mãe quando esta engravidou do irmãozinho. Pois, para o enigma do suicídio, a análise nos trouxe a explicação de que talvez ninguém encontre a energia psíquica para se matar se com isso, em primeiro lugar, também não mata um objeto com que se identificou e se, em segundo lugar, não volta contra si mesmo um desejo de morte que fora dirigido contra outra pessoa. De resto, a descoberta regular de tais desejos inconscientes de morte no suicida não precisa causar estranheza nem impressionar como confirmação de nossas deduções, pois o inconsciente de todos os viventes está repleto de tais desejos de morte, mesmo em relação a pessoas de outro

1. Essas interpretações dos caminhos do suicídio mediante realizações de desejos sexuais são há muito familiares a todos os analistas. (Envenenar = engravidar, afogar = parir, cair de um lugar alto = dar à luz.)

modo amadas.[2] Porém, na identificação com a mãe, que deveria ter morrido no parto com essa criança que fora negada a ela (a filha), essa aplicação de um castigo é ela mesma, por outro lado, a realização de um desejo. Por fim, não irá contradizer nossa expectativa que os motivos fortes mais distintos tivessem de agir em conjunto a fim de possibilitar uma ação como a de nossa moça.

O pai não aparece na motivação da moça, nem sequer o medo de sua cólera é mencionado. Na motivação descoberta pela psicanálise, cabe-lhe o papel principal. A relação com o pai também teve a mesma importância decisiva para o curso e o desfecho do tratamento analítico, ou antes, da exploração analítica. Por trás da alegada consideração pelos pais, devido aos quais ela queria apoiar a tentativa de uma transformação, ocultava-se a atitude de despeito e de vingança contra o pai, atitude que a manteve presa na homossexualidade. Salvaguardada por tal cobertura, a resistência liberou um grande campo para a investigação analítica. A análise realizou-se quase sem indícios de resistência, com uma participação intelectual ativa da analisada, mas também com uma completa tranquilidade de espírito de sua parte. Quando certa vez lhe expus uma parte especialmente importante da teoria e que lhe dizia respeito de perto, ela declarou com uma ênfase inimitável: "Ah, mas isso é muito interessante", como uma senhora da alta roda que é guiada através de um museu e examina por um lornhão objetos que lhe são completamente indiferentes. A impressão de sua análise

2. Ver "Considerações atuais sobre guerra e morte", 1915 b.

aproximava-se à de um tratamento hipnótico em que a resistência tivesse igualmente retrocedido até um certo limite, no qual então ela se mostra invencível. Essa mesma tática russa – assim poderíamos chamá-la – é muitas vezes seguida pela resistência em casos de neurose obsessiva, que, por isso, oferecem por algum tempo os mais claros resultados e permitem uma profunda compreensão das causas dos sintomas. Começamos então a nos admirar de que tão grandes progressos na compreensão analítica também não tragam consigo a menor modificação nas compulsões e inibições do doente, até que finalmente percebemos que tudo o que conseguimos estava acometido pela ressalva da dúvida, por trás de cuja barreira de proteção a neurose pôde se sentir segura. "Estaria tudo muito bem" – diz o doente a si mesmo, muitas vezes também de modo consciente – "se eu tivesse de acreditar neste homem, mas isso está fora de questão e, dado que não é o caso, também não preciso mudar nada." Quando então nos aproximamos da motivação dessa dúvida, irrompe seriamente a luta com as resistências.

Em nossa moça, não foi a dúvida, e sim o fator afetivo da vingança contra o pai o que possibilitou sua fria reserva, dividiu a análise nitidamente em duas fases e fez com que os resultados da primeira fase fossem tão completos e claros. Também parecia que não ocorrera nela nada parecido a uma transferência ao médico. Mas, naturalmente, isso é um absurdo ou uma maneira inexata de exprimir-se; alguma relação com o médico precisa se estabelecer, afinal, e na maioria das vezes ela será transferida a partir de uma relação infantil. Na realidade, ela transferiu a mim a profunda rejeição ao homem, pela qual estava dominada desde que fora desiludida pelo pai. Via de regra, a exasperação contra o homem se satisfaz facilmente em relação ao médico; ela não precisa produzir tempestuosas manifestações emocionais, expressando-se simplesmente na anulação de todos os seus esforços e no aferrar-se à doença. Sei por experiência o quanto é difícil fazer o analisado compreender precisamente essa sintomatologia muda e tornar consciente, sem risco para o tratamento, tal hostilidade latente, com frequência excessivamente grande. Assim, interrompi a análise tão logo reconheci a atitude da moça em relação ao pai, e dei o conselho de que a tentativa terapêutica, caso se desse valor a ela, fosse continuada com uma médica. Nesse meio-tempo, a moça tinha prometido ao pai que pelo menos deixaria de relacionar-se com a "dama", e não sei se meu conselho, cuja motivação afinal é transparente, será seguido.

Uma única vez também surgiu algo nessa análise que pude compreender como transferência positiva, como renovação extraordinariamente atenuada do enamoramento original e apaixonado pelo pai. Nem mesmo essa manifestação estava isenta do acréscimo de um outro motivo, mas menciono-a por colocar em pauta, sob outro aspecto, um interessante problema da técnica analítica. Em certo momento, não muito depois do início do tratamento, a moça apresentou uma série de sonhos que, devidamente distorcidos e redigidos em correta linguagem onírica, podiam no entanto ser traduzidos de maneira fácil e segura. Porém, seu conteúdo interpretado era chamativo. Eles antecipavam a cura da inversão mediante o tratamento, expressavam a alegria dela com as perspectivas de vida que então se abririam, confessavam o anseio pelo amor de um homem e por filhos, podendo assim ser saudados como animadora preparação para a desejada mudança. A contradição com suas declarações simultâneas em vigília era muito grande. Ela não escondia de mim que pensava em se casar, é verdade, mas apenas para se esquivar da tirania do pai e viver suas verdadeiras inclinações sem ser perturbada. Ela já daria um jeito no marido, dizia ela com certo desdém, e, no fim das contas, como mostrava o exemplo da venerada dama, também era possível manter relações sexuais ao mesmo tempo com um homem e uma mulher. Advertido por uma impressão ligeira qualquer, esclareci-lhe certo dia que não acreditava nesses sonhos, eles eram mentirosos ou hipócritas, e que a intenção dela era me ludibriar, tal como costumava ludibriar o pai. Eu tinha razão; esse tipo de sonho não ocorreu mais desde esse esclarecimento. No entanto, acredito que ao lado do propósito de engano havia nesses sonhos também um certo galanteio; eram também uma tentativa de granjear meu interesse e minha boa opinião, talvez para mais tarde me decepcionar ainda mais radicalmente.

Posso imaginar que a indicação da existência de tais sonhos mentirosos de deferência desencadeará em alguns que se dizem analistas uma verdadeira tempestade de indignação impotente. "Então o inconsciente também pode mentir, o verdadeiro cerne de nossa vida psíquica, aquilo em nós que está muito mais perto do divino do que nossa miserável consciência! Como é que ainda poderemos contar com as interpretações da análise e a segurança de nossos conhecimentos?" A isso é preciso dizer que o reconhecimento de tais sonhos mendazes não significa uma novidade abaladora. Sei, é verdade, que a necessidade que os seres humanos têm de misticismo é inextirpável e que ela faz tentativas incessantes de reconquistar para este o campo que lhe foi arrancado pela *Interpretação dos sonhos*, mas no caso que nos ocupa tudo é bastante simples. O sonho não é o "inconsciente", ele é a forma em que um pensamento que sobrou do pré-consciente ou mesmo do consciente da vida de vigília pôde ser transvasado graças aos favorecimentos do estado de sono. Nesse estado, tal pensamento obteve o apoio de moções inconscientes de desejo e, nisso, sofreu a distorção pelo "trabalho do sonho", que é determinado pelos mecanismos que são válidos para o inconsciente. No caso de nossa sonhadora, a intenção de me enganar como costumava fazer com o pai por certo provinha do pré-consciente, se é que não era consciente; essa intenção conseguiu se impor ao ligar-se com a moção de desejo inconsciente de agradar o pai (ou seu substituto) e criou assim um sonho mentiroso. As duas intenções – enganar o pai e agradá-lo – provêm do mesmo complexo; a primeira originou-se do recalcamento da última; a posterior é reconduzida à anterior pelo trabalho do sonho. Ou seja, não se pode falar de uma degradação do inconsciente, de um abalo da confiança nos resultados de nossa análise.

Não quero perder a ocasião de dar voz ao espanto pelo fato de as pessoas serem capazes de atravessar partes tão grandes e significativas de sua vida amorosa sem prestar muita atenção nela, e até, às vezes, sem fazer a mínima ideia a respeito, ou então, quando ela vem à consciência, enganarem-se tão radicalmente em seu juízo acerca dela. Isso ocorre não apenas sob as condições da neurose, no âmbito da qual estamos familiarizados com o fenômeno, mas também parece ser bem comum em outras situações. Em nosso caso, uma moça desenvolve um arrebatamento por mulheres que, de início, é sentido apenas como incômodo pelos pais, mas mal é levado a sério; ela própria bem sabe o quanto isso exige dela, mas pouco sente das sensações de um apaixonamento intenso, até que, diante de determinada frustração, ocorre uma reação absolutamente excessiva que mostra a todas as partes que se está lidando com uma paixão devoradora de força elementar. Nem mesmo a moça jamais percebeu algo dos pressupostos exigidos para a irrupção de semelhante tempestade psíquica. Noutras ocasiões, encontramos moças ou mulheres em graves depressões que, questionadas a respeito da possível causa de seu estado, dão a informação de que perceberam em si certo interesse por determinada pessoa, mas que isso não as tocara muito profundamente e logo liquidaram o assunto assim que foi preciso desistir dele. E, no entanto, essa renúncia que parece ter sido suportada tão facilmente tornou-se a causa do grave distúrbio. Ou então lidamos com homens que terminaram relações amorosas superficiais com mulheres e que apenas a partir das consequências recebem notícia de que estavam apaixonadamente enamorados pelo objeto que pareciam menosprezar. Também nos admiramos com os efeitos insuspeitados que podem resultar de um aborto induzido, do assassinato de um embrião, ao qual a pessoa se decidiu sem remorso e sem hesitar. Assim, vemo-nos obrigados a dar razão aos poetas que nos descrevem com predileção pessoas que amam sem sabê-lo, ou que não sabem se amam, ou que acreditam odiar enquanto amam. Parece que precisamente a notícia que nossa consciência recebe de nossa vida amorosa pode ser, com especial facilidade, incompleta, lacunosa ou falsificada. Nestas explanações, naturalmente não deixei de descontar a parcela que cabe a um esquecimento posterior.

Capítulo IV

Retorno agora à discussão do caso, antes interrompida. Obtivemos um panorama das forças que levaram a libido da moça da atitude edípica normal à da homossexualidade, e dos caminhos psíquicos que aí foram percorridos. Dentre essas forças moventes, estava em primeiro lugar a impressão do nascimento do irmãozinho, o que nos sugere classificar o caso como sendo de inversão tardiamente adquirida.

Porém, aqui atentamos a uma circunstância que também encontramos em muitos outros exemplos de explicação psicanalítica de um processo psíquico. Enquanto acompanhamos o desenvolvimento retrocedendo a partir de seu resultado final, estabelece-se uma concatenação isenta de lacunas, e consideramos nossa compreensão perfeitamente satisfatória, talvez exaustiva. No entanto, se tomarmos o caminho inverso, partindo dos pressupostos encontrados pela análise e buscando acompanhá-los até chegar ao resultado, perdemos completamente a impressão de um encadeamento necessário e não determinável de nenhum outro modo. Percebemos de imediato que também alguma outra coisa poderia ter resultado, e poderíamos compreender e esclarecer da mesma forma esse outro resultado. Assim, a síntese não é tão satisfatória quanto a análise; em outras palavras, não seríamos capazes de predizer a natureza do resultado a partir do conhecimento dos pressupostos.

É muito fácil reconduzir esse conhecimento desolador a suas causas. Por mais que conheçamos completamente os fatores etiológicos que são decisivos para determinado resultado, só os conhecemos em sua peculiaridade qualitativa, e não segundo sua força relativa. Alguns deles, sendo fracos demais, serão reprimidos por outros e não contribuirão para o resultado final. Porém, nunca sabemos de antemão quais dos fatores determinantes se mostrarão como os mais fracos ou os mais fortes. Dizemos apenas ao final que aqueles que se impuseram foram os mais fortes. Assim, no sentido da análise, a causação sempre pode ser reconhecida com segurança, mas sua predição no sentido da síntese é impossível.

Portanto, não queremos afirmar que sucumbirá necessariamente à homossexualidade toda moça cujo anseio amoroso, oriundo da atitude edípica dos anos de puberdade, experimente tal desilusão. Pelo contrário, reações de outro tipo a esse trauma serão mais frequentes. Porém, então fatores especiais devem ter sido decisivos nessa moça, fatores externos ao trauma, provavelmente de natureza interna. Tampouco é difícil indicá-los.

Como se sabe, também no caso de pessoas normais precisa-se de um certo tempo até que a decisão sobre o sexo do objeto amoroso se imponha definitivamente. Exaltações homossexuais, amizades extremamente fortes, sensualmente marcadas, são bastante comuns em ambos os sexos nos primeiros anos após a puberdade.

Assim também foi com nossa moça, mas essas tendências mostraram-se nela indubitavelmente mais fortes e perduraram por mais tempo do que em outras pessoas. Junta-se a isso que esses prenúncios da posterior homossexualidade sempre haviam ocupado sua vida consciente, ao passo que a atitude originada do complexo de Édipo se mantivera inconsciente e só veio à luz em indícios tais como aqueles mimos dispensados ao menininho. Quando estudante, estivera longo tempo apaixonada por uma professora inacessível e rígida, uma evidente substituta da mãe. Ela mostrara um interesse especialmente vivaz por algumas mulheres jovens e maternais muito antes do nascimento do irmão e, tão mais seguramente, muito tempo antes daquela primeira reprimenda do pai. Assim, desde muito cedo sua libido fluía em duas correntes, das quais a mais superficial pode ser chamada sem hesitar de homossexual. Esta era provavelmente a continuação direta, não transformada, de uma fixação infantil na mãe. É possível que por meio de nossa análise não tenhamos descoberto outra coisa senão o processo que, dada uma ocasião propícia, transferiu também a corrente libidinal mais profunda e heterossexual para a corrente libidinal manifesta e homossexual.

Além disso, a análise informou que a moça trouxera consigo de seus anos de infância um "complexo de masculinidade" fortemente marcado. Vivaz, briguenta, nem um pouco disposta a ficar atrás do irmão um pouco mais velho, ela tinha desenvolvido desde aquela inspeção dos genitais uma intensa inveja do pênis, cujos derivados ainda preenchiam seu pensamento. Ela era na verdade uma feminista, achava injusto que as moças não gozassem das mesmas liberdades que os rapazes e se opunha sobretudo ao destino da mulher. Na época da análise, a gravidez e o parto eram-lhe ideias desagradáveis, segundo suponho também devido à deformação física a eles ligados. Seu narcisismo de menina se retraíra até essa defesa,[1] narcisismo que não se manifestava mais como orgulho de sua beleza. Diversos indícios apontavam para um prazer de olhar e de se exibir que um dia fora muito forte. Quem não pretenda ver prejudicado na etiologia o direito dos elementos adquiridos chamará a atenção para o fato de que o comportamento descrito da moça era exatamente aquele que deveria ser determinado pelo efeito conjunto da preterição materna e da comparação de seus genitais com os do irmão no caso de uma intensa fixação na mãe. Também aqui existe uma possibilidade de explicar pela marca de uma prematura influência efetiva e externa algo que de bom grado se teria apreendido como uma peculiaridade constitucional. E mesmo quanto a essa aquisição – caso ela realmente tenha ocorrido –, uma parte deverá ser colocada na conta da constituição inata. É assim que se mescla e se une constantemente na observação o que na teoria gostaríamos de separar em um par de opostos, herança e aquisição.

---

1. Ver a declaração de Kriemhilde na *Canção dos Nibelungos.* [I, 15. Ela diz à mãe que não permitirá que um homem a ame, pois o amor do homem significaria a perda de sua beleza. (Nota dos editores da *Freud-Studienausgabe.*)]

Se um término anterior e provisório da análise tinha levado ao veredito de que se tratava de um caso de aquisição posterior da homossexualidade, o exame agora empreendido do material obriga antes a concluir que se trata de homossexualidade inata, que, como de costume, fixou-se e mostrou-se de maneira inequívoca apenas na pós-puberdade. Cada uma dessas classificações faz justiça a apenas uma parte do estado de coisas a ser constatado pela observação, negligenciando a outra. Encontramos a atitude correta se estimamos que o valor dessa questão é absolutamente insignificante.

A bibliografia sobre a homossexualidade não costuma distinguir com nitidez suficiente entre a questão da escolha de objeto, por um lado, e a do caráter sexual e da orientação sexual, por outro, como se a decisão sobre um dos pontos estivesse necessariamente atrelada à decisão sobre o outro. A experiência, contudo, mostra o contrário: um homem com atributos predominantemente masculinos, que também mostra o tipo masculino de vida amorosa, pode, no entanto, ser invertido no que concerne ao objeto, amar apenas homens em vez de mulheres. Um homem em cujo caráter predominem de modo evidente os atributos femininos, e que inclusive se comporte no amor como uma mulher, deveria, graças a essa orientação feminina, ser remetido ao homem como objeto de amor; mas, apesar disso, ele pode ser heterossexual, não mostrar maior inversão quanto ao objeto do que, em média, um homem normal. O mesmo vale para as mulheres; também nelas o caráter sexual psíquico e a escolha de objeto não se encontram numa relação fixa. O mistério da homossexualidade não é portanto de forma alguma tão simples como se gosta de apresentá-lo para o uso popular: uma alma feminina que por isso deve amar o homem e que por infelicidade está num corpo masculino, ou uma alma masculina que é irresistivelmente atraída pela mulher e está infelizmente exilada num corpo feminino. Trata-se, antes, de três séries de caracteres:

caracteres sexuais somáticos – caráter sexual psíquico
(hermafroditismo físico) (orientação masc./fem.)
– tipo de escolha de objeto,

que variam independentemente um do outro até certo grau e se encontram em múltiplas permutações em cada indivíduo. A bibliografia tendenciosa dificultou a percepção dessas relações ao colocar no primeiro plano, por motivos práticos, o comportamento no terceiro ponto – o da escolha de objeto – que só chama a atenção do leigo, exagerando, além disso, a constância da relação entre este e o primeiro ponto. Ela também bloqueia o caminho que leva à compreensão mais profunda de tudo isso que se designa uniformemente como homossexualidade ao resistir a dois fatos fundamentais que a investigação psicanalítica descobriu. O primeiro, de que os homens homossexuais experimentaram uma fixação especialmente forte na mãe; o segundo, de que todos os normais mostram, ao lado de sua heterossexualidade manifesta, uma medida bastante considerável de homossexualidade latente ou inconsciente. Se levarmos em conta essas descobertas, então certamente estará liquidada a hipótese de um "terceiro sexo" criado pela natureza em um capricho especial.

A psicanálise não está autorizada a resolver o problema da homossexualidade. Ela precisa se contentar em revelar os mecanismos psíquicos que levaram à decisão na escolha de objeto e em seguir os caminhos que vão deles até as disposições de impulsos. Então ela interrompe sua tarefa e deixa o resto à pesquisa biológica, que precisamente agora, nos experimentos de Steinach,[2] traz à luz esclarecimentos tão relevantes acerca da influência da primeira série acima sobre a segunda e a terceira. Ela está no mesmo terreno da biologia ao pressupor uma bissexualidade original do indivíduo humano (e animal). Porém, a psicanálise não pode esclarecer a essência daquilo que no sentido convencional ou biológico se chama de "masculino" e "feminino"; ela adota os dois conceitos e neles embasa seus trabalhos. Na tentativa de uma explicação adicional, a masculinidade se volatiza para a psicanálise em atividade, e a feminilidade, em passividade, e isso é muito pouco. Tentei expor num trecho anterior [p. 169-171] em que medida é admissível ou já é confirmada por experiência a expectativa de que o fragmento de trabalho explicativo que recai no âmbito da análise também ocasione a mudança da inversão. Se compararmos essa medida de influência com as grandiosas reviravoltas que Steinach alcançou em casos isolados

2. Ver A. Lipschütz, 1919.

mediante intervenções cirúrgicas, a impressão por certo não é imponente. Entretanto, seria precipitação ou exagero daninho se já agora tivéssemos esperança de uma "terapia" da inversão universalmente utilizável. Os casos de homossexualidade masculina em que Steinach teve sucesso preenchiam a condição, nem sempre existente, de um "hermafroditismo" somático extremamente nítido. A terapia de uma homossexualidade feminina seguindo um caminho análogo é de início completamente obscura. Caso consistisse na remoção dos ovários, provavelmente hermafroditas, e no implante de outros, oxalá unissexuais, na prática ela teria pouca perspectiva de aplicação. Um indivíduo feminino, que se sentiu masculino e amou de maneira masculina, dificilmente se deixará forçar ao papel feminino se tiver de pagar essa transformação, não inteiramente vantajosa, com a renúncia à maternidade.

Bibliografia[1]

Freud, S. *Die Traumdeutung. Gesammelte Werke*, vol. 2-3; *Studienausgabe*, vol. 2, 1900 *a*. [*A interpretação dos sonhos*. Trad. Renato Zwick. Porto Alegre: L&PM, 2012.] (199)

______. "Über einen besonderen Typus der Objektwahl beim Manne" ["Sobre um tipo particular de escolha de objeto no homem"]. *GW*, vol. 8, p. 66; *SA*, vol. 5, p. 185, 1910 *h*. (185)

______. "Zeitgemäßes über Krieg und Tod" ["Considerações atuais sobre guerra e morte"]. *GW*, vol. 10, p. 324; *SA*, vol. 9, p. 33, 1915 *b*. (189)

Lipschütz, A. *Die Pubertätsdrüse und ihre Wirkungen* [*A glândula da puberdade e seus efeitos*]. Berna, 1919. (202)

Sadger, I. "Jahresbericht über sexuelle Perversionen" ["Relatório anual acerca de perversões sexuais"]. *Jb. psychoanalyt. psychopath. Forsch.*, vol. 6, p. 296, 1914. (180)

1. Os números entre parênteses ao final de cada entrada indicam a(s) página(s) em que a obra é mencionada neste livro. (N.T.)

Colaboradores desta edição

Renato Zwick é bacharel em filosofia pela Unijuí e mestre em letras (língua e literatura alemã) pela USP. É tradutor de Nietzsche (*O anticristo*, L&PM, 2008; *Crepúsculo dos ídolos*, L&PM, 2009; e *Além do bem e do mal*, L&PM, 2008), de Rilke (*Os cadernos de Malte Laurids Brigge*, L&PM, 2009), de Freud (*O futuro de uma ilusão*, 2010; *O mal-estar na cultura*, 2010; *A interpretação dos sonhos*, 2012; *Totem e tabu*, 2013; *Psicologia das massas e análise do eu*, 2013; *Compêndio de psicanálise*, 2014; *Além do princípio de prazer*, 2016; *Inibição, sintoma e medo*, 2016; *Sobre a psicopatologia da vida cotidiana*, 2018; *Da história de uma neurose infantil* [O Homem dos Lobos], 2018; *Fragmentos de uma análise de histeria* [O caso Dora], 2019, todos publicados pela L&PM Editores) e de Karl Kraus (*Aforismos*, Arquipélago, 2010), e cotradutor de Thomas Mann (*Ouvintes alemães!: discursos contra Hitler (1940-1945)*, Jorge Zahar, 2009).

Noemi Moritz Kon é psicanalista, membro do Departamento de Psicanálise do Instituto Sedes Sapientiae, mestre e doutora em psicologia social pelo Instituto de Psicologia da USP e autora de *Freud e seu duplo: reflexões entre psicanálise e arte* (Edusp/Fapesp, 1996/2015); *A viagem: da literatura à psicanálise* (Companhia das Letras,

2003), organizadora de *125 contos de Guy de Maupassant* (Companhia das Letras, 2009) e coorganizadora de *O racismo e o negro no Brasil: questões para a psicanálise* (Perspectiva, 2017). É integrante do grupo de pesquisa e trabalho Psicanalista atentas(os) às relações raciais, do Instituto AMMA Psique e Negritude.

Thiago P. Majolo é psicanalista e mestre em história social pela USP. É membro do Departamento de Psicanálise do Instituto Sedes Sapientiae e da comissão de debates da *Revista Percurso*. Sócio-fundador da empresa Ação & Contexto, pela qual foi curador de exposições, autor de livros e coordenador de trabalhos com História Oral. É integrante do grupo de pesquisa e trabalho Psicanalista atentas(os) às relações raciais, do Instituto AMMA Psique e Negritude.

Edson Sousa é psicanalista, membro da Associação Psicanalítica de Porto Alegre. É formado em psicologia pela PUCRS, com mestrado e doutorado pela Universidade de Paris VII, e pós-doutorado pela Universidade de Paris VII e pela École des Hautes Études en Sciences Sociales de Paris. Pesquisador do CNPq, leciona como professor titular do Departamento de Psicanálise e Psicopatologia e na pós-graduação em Psicanálise: Clínica e Cultura da UFRGS, onde também coordena, com Maria Cristina Poli, o Laboratório de Pesquisa em Psicanálise, Arte e Política. É autor de *Freud* (Abril, 2005), *Uma invenção da utopia* (Lumme, 2007) e *Sigmund Freud* (com Paulo

Endo; L&PM, 2009), além de organizador de *Psicanálise e colonização* (Artes e Ofícios, 1999) e *A invenção da vida* (com Elida Tessler e Abrão Slavutzky; Artes e Ofícios, 2001).

Paulo Endo é psicanalista e professor do Instituto de Psicologia da USP, com mestrado pela PUC-SP, doutorado pela USP e pós-doutorado pelo Centro Brasileiro de Análise e Planejamento/CAPES. É pesquisador-colaborador do Laboratório de Pesquisa em Psicanálise, Arte e Política da UFRGS e do Laboratório Interdisciplinar de Pesquisa e Intervenção Social da PUC-Rio. É autor de *A violência no coração da cidade* (Escuta/Fapesp, 2005; prêmio Jabuti 2006) e *Sigmund Freud* (com Edson Sousa; L&PM, 2009), e organizador de *Novas contribuições metapsicológicas* à clínica psicanalítica (Cabral Editora, 2003).

lepmeditores

www.lpm.com.br
o site que conta tudo

Impresso na Gráfica COAN
Tubarão, SC, Brasil
2024